未读 经典

我们关于外部世界的知识

OUR KNOW-LEDGE OF THE EXTERNAL WORLD

[英] 伯特兰·罗素 著　王喆 译

海南出版社
·海口·

图书在版编目（CIP）数据

我们关于外部世界的知识 /（英）伯特兰·罗素著；王喆译. -- 海口：海南出版社，2025.5. --（未读经典）. -- ISBN 978-7-5730-2404-6

Ⅰ. B561.54

中国国家版本馆CIP数据核字第20252BM564号

我们关于外部世界的知识
WOMEN GUANYU WAIBU SHIJIE DE ZHISHI

[英]伯特兰·罗素　著　王喆　译

责任编辑：	陈淑芸
执行编辑：	戴慧汝
封面设计：	typo_d
出版发行：	海南出版社
地　　址：	海南省海口市金盘开发区建设三横路2号
邮　　编：	570216
电　　话：	(0898)66822026
印　　刷：	北京雅图新世纪印刷科技有限公司
版　　次：	2025年5月第1版
印　　次：	2025年5月第1次印刷
开　　本：	880 mm × 1230 mm　1/64
印　　张：	3.75
字　　数：	110千字
书　　号：	ISBN 978-7-5730-2404-6
定　　价：	32.00元

本书若有质量问题，请致电（010）52435752

未经许可，不得以任何方式复制或抄袭本书部分或全部内容
版权所有，侵权必究

目录

自序　1

第一章　**当前的哲学发展趋势**　5
第二章　**逻辑：哲学的本质**　49
第三章　**我们关于外部世界的知识**　91
第四章　**物理学世界与感官世界**　145
第五章　**论原因概念及其在自由意志问题中的应用**　185

自序

在下面的几篇讲稿中,我将借由例证来说明哲学中逻辑分析法的本质、适用性及其局限。弗雷格[1]在其著作中,最先给出了逻辑分析法的完整范例。在实际研究中,我渐渐发觉这种方法直观明了,不仅能够体现基本原理,而且可以在哲学的所有分支中提供客观的科学知识。迄今为止,人们使用的绝大多数方法都自诩能得出比逻辑分析更了不起的结论。但遗憾的是,许多有真才实学的哲学家对此并不认同。若只是把以往那些伟大的哲学体系当作假说或激发想象的工具,那这些理论还是颇为有用、值得做一番研究的;但如若想让哲学成为一门科学,想让得出的结论不受那些鼓吹这些结论的哲学家性情爱好的影

---

[1] 指弗里德里希·路德维希·戈特洛布·弗雷格,德国数学家、逻辑学家和哲学家,数理逻辑和分析哲学的奠基人。

响，就得另辟蹊径。在下面的讲稿中，我将尽力指出（虽然仍有不足）达到这一目的的方法。

我想借一个关键问题来阐述我所运用的方法。这个问题即未经加工的感觉材料和数学物理的空间、时间、物质之间的关系。怀特海[1]博士使我意识到这个问题的重要性，他不仅是我的朋友，也是我的合作者。我的讲稿和《哲学问题》[2]一书的观点不尽相同，而其中的不同之处几乎都是受他的影响，比如点的定义，瞬间和"物"的处理建议，以及物理世界是现实基础上构造出来的，而非理论推论出来的这一整套概念，都得益于怀特海博士的理论。事实上，针对这些问题，怀特海博士在《数学原理》第四卷中给出了较为精准的答案，我这里只涉及一些皮毛。不过，如果他讨论这些问题的方法能得以贯彻，那将会给实在论和唯心论两派长年累月的争论带来曙光，从

---

1 指阿尔弗雷德·怀特海，英国数学家、哲学家和教育理论家，同罗素合著《数学原理》一书。
2 罗素1912年创作的哲学著作。

自序

而孕育出一种能解决所有可解决之问题的方法。

前人关于物理世界中实在或非实在的思辨令人费解，原因在于，起初并没有较好的理论能够解释数学中的"无穷"这一概念。尽管康托尔[1]解决了这一难题，但我们还是需要运用那些以感知的对象（这些对象仅能通过数学逻辑阐述）为素材而搭建起来的数学构造，才能得出针对这些问题的有效而翔实的答案。离开了数学逻辑，如此抽象、复杂的概念根本无从解释。在这一方面，光看我的讲稿确实难以理解，因为讲稿中的内容仅是一些通俗的概要，一旦怀特海博士的著作发表，看完他的论述，你便会豁然开朗。我的讲稿中还稍稍涉及了一些纯逻辑的内容，这些内容受益于我的朋友路德维希·维特根斯坦[2]先生，他与我分享了一些他尚未发表的重大发现。

我的目的是阐述哲学研究一以贯之的方法，而

---

[1] 指格奥尔格·康托尔，德国数学家，集合论的创始人。
[2] 20世纪著名作家、哲学家，分析哲学的创始人之一，是罗素的学生。

只研究现成的结构并不能达到这一目的,故我将许多尚处于试验阶段、未经完善的内容加了进来。除了康托尔的无限性理论,讲稿中收录的其他理论不一定尽善尽美,但是我认为,如果后人觉得这些理论需要修改,应该以当今为人们所接受的方式找出其亟待改进之处。因此,我希望读者能够包容本书理论的不完备之处。[1]

1914 年 6 月于剑桥

---

[1] 本书以阅读流畅性为编辑原则,精选罗素为哈佛大学洛威尔讲座所写讲稿的精彩章节,删减了原讲稿中关于连续性和无限性理论在哲学上所进行的数学构造部分,保留其在哲学上所进行的逻辑分析的精华与理论核心,将整本书以一以贯之的分析体系串联起来,以求便利读者阅读。——编者按

第一章

当前的哲学发展趋势

第一章　当前的哲学发展趋势

哲学自创立之初便和其他学问不同——主张多，成果少。自泰勒斯提出"水是万物的本原"这一论点之后，哲学家们关于事物的总和众说纷纭，而在阿那克西曼德反驳了泰勒斯的观点之后，哲学家们依然对此各执一词。我认为，是时候结束这种不尽如人意的状态了。下面，我主要以某些特定问题为例，试着指出哲学家们别具一格的主张以及他们至今未能更进一步的原因。我认为，所有的哲学学派都没有正确地认识哲学的问题和方法。哲学家们应当认识到，单凭我们所具备的知识手段，无法解决许多传统的哲学问题。因此，我们需要用一种较为从容、恰当的方法去解决那些被人忽视但十分重要的问题，同时，这种方法必须像最先进的科学那样精确、可靠。

我们可将当下的哲学分为三种主要类型。尽管一个哲学家或多或少会同时涉及这三种哲学类型，但他的理论本质和倾向依然是清晰可辨的。第一种类型，我称为"古典传统"，其代表人物是康德和黑格尔，这一类型的哲学家试图用柏拉图之后颇有建树的大哲学家的方法和成果适应今世之需。第二种类型，我称为"进化论"，其优势得益于达尔文，赫伯特·斯宾塞[1]是这类哲学的开山鼻祖。不过，不同于斯宾塞当时的研究，近年来，在詹姆斯[2]和柏格森[3]的主导下，"进化论"已经走上了积极探索、勇于创新的道路。第三种类型，由于没有更好的名称，我姑且称为"逻辑原子论"，这一类哲学通过对数学的批判性研究，已逐渐潜入了哲学的范畴。这种哲学是我想要提倡的。尽管还没有许多忠实的追随者，但由哈

---

[1] 英国哲学家、社会学家，社会达尔文主义之父。
[2] 指威廉·詹姆斯，美国心理学之父，哲学家、教育学家、实用主义的倡导者，机能主义心理学派创始人之一，也是最早的实验心理学家之一。
[3] 指亨利·柏格森，法国哲学家、作家，著有《形而上学论》《论意识的即时性》《创新进化论》等书。

佛圈子首次提出的"新实在论"很大程度上体现了这类哲学的精神。我认为，它拥有类似伽利略为物理学所带去的那种进步性：用零碎、详细、可证实的结果，取代了从前那些未经检验、凭想象得出的笼统表述。不过，我们必须首先对与之对立的其他两种哲学类型稍加考察和批判，才能理解这种新哲学所主张的变革。

古典传统

二十年前，古典传统彻底战胜了与之分庭抗礼的英国经验主义传统，在英语国家的大学中占据着毋庸置疑的主导地位。时至今日，虽然古典传统日渐式微，但仍有许多鼎鼎有名的教师默默坚守。在法国学术界，尽管有柏格森对康德主义持猛烈的反对态度，但古典传统仍居主流领导地位。并且，在德国，古典传统受到了很多人的热情追捧。然而，从整体上说，古典传统代表着一种不断衰败的力量，没能与时俱进。总的来说，古典传统的推崇者都是那些除了哲学只懂文学的人，而不是那些受过科学启迪的人。反抗古典传统的力量不仅来自理性论证，而且来自某种普遍化的理智之力。也正是这股力量，不断瓦解着历史上其他伟大的哲学理论综合体，让我们这个时代成了一个迷茫的时代，在前人确信无疑的路上惶惑摸索。

推动古典传统发展的原动力来自希腊哲学家们对推理无所不能的朴素信仰。几何学的发现曾一度让他们沉迷其中，其先验的演绎法似乎放诸四海而皆准。譬如，他们打算证明所有实在都是"一"，并不存在"变化"，对世界的感知也仅是幻觉。而且，他们对自身推理的正确性深信不疑，哪怕得出古怪的结论也不会有一丝疑虑。因此，他们认为仅凭思考就能掌握那些关于实在整体的惊人且重大的真理，任何与之相悖的观察结果都无法将其撼动。随着早期哲学家对推理的原始信仰力逐渐削弱，从中世纪开始直至今日，推理的地位逐渐被权威哲学学说和传统认知方式所取代,这种情况又随着系统神学的出现进一步得到巩固。从笛卡尔算起的近代哲学,尽管没有像中世纪哲学一样受到权威的束缚,却依旧未加批判地接受了亚里士多德的逻辑。再者,除英国之外,近代哲学依然相信先验的推理不仅能够解开宇宙的奥秘(这是其他方式难以企及的),还能证明实在与人直接观察到的样子大不相同。我认为,古典传统的显著特征正是这种对推理的信念,而非其他任何由此产生的具体信条。而正是这种信念,造成了在哲学领域树立科学态度的主要障碍。

拿一位代表人物举例,或许可以比较清楚地阐述古典传统中包含的哲学本质。为此,我们来仔细思考一下布拉德莱[1]先生的学说,他可能是这一学派依旧在世的最杰出的代表。布拉德莱先生所著的《现象与实在》一书分为两部:第一部名为《现象》,第二部名为《实在》。《现象》检验和批判了几乎所有

---

[1] 指弗兰西斯·赫伯特·布拉德莱,英国唯心主义哲学家、新黑格尔主义。

日常世界的组成部分：物与质、关系、时空、变化、因果关系、主动性、自我等。尽管这些概念从某种程度上说都是实在的组成部分，但它们并没有看起来的那么真实。只有一个单独的、不可分割的、永恒的整体，它才是真实的存在，这个真实的存在名为"绝对"。"绝对"从某种意义上说是精神层面的概念，但它并非由我们所了解的灵魂以及思想意志所构成。这两部书中的一切理论皆由抽象的逻辑推理所构建，宣称在那些被斥为纯粹现象的范畴中发现了自相矛盾之处，并称没有任何站得住脚的东西能代替最终被确认为实在的那种"绝对"。

一个简单的例子就足以阐明布拉德莱先生的论证方法。世界上似乎有很多事物都以不同的方式彼此关联：左与右、前与后、父与子，等等。但是根据布拉德莱先生的观点，这些关系只要一经推敲，便能发现其自相矛盾之处，因此实属子虚乌有。他首先论证说，如果事物之间存在关系，那么必然存在具有这种关系的性质。对于他的这部分论证我们无须纠结，

可置之一旁。他接着说道:

"然而另一方面,我们无法理解关系如何同性质相关。如果关系和性质毫不相干,那性质之间就不存在任何关系。如果是这样,那正如我们所见,性质就不再是性质,而它们的关系也子虚乌有。但如果关系和性质相关,那很显然,我们需要用一种新的关系来将这两者联系起来。因为关系不可能只是一个关系项独有或两个关系项共有,或类似这样的表述的形容词,这种说法似乎是无论如何都经不住推敲的。既然关系本身是某种东西,如果它本身和关系项不存在关系,那么它又以何种能让人理解的方式与这些关系项相关联呢?到这里我们再次被卷入了一个无望的旋涡,因为我们不得不永无止境地去继续寻找新的关系。就像一条串联的环,由一个接一个的环连成了一条环形锁链。而这条锁链同时又是一个两端皆可串联的环,其每端又各需一个新环与旧环串联在一起。总结来说,问题就是要找出关系如何同性质相关,但这一问题是无解的。"

我不打算详细验证这项论证，也不想确切地指出它的谬误所在，我只是将其作为一种推理方法的典型例子加以引用。我觉得，大多数人会认同一点——这个论证故弄玄虚，难以服人。因为比起世间万物彼此联系这样明摆着的事实，人们更容易在较为微妙、抽象、困难的论证中犯错。对于几乎只了解几何学一门科学的古希腊人来说，即使推理得出了最古怪的结论，他们也很可能深以为然地遵循。但如今我们已掌握了实验、观察等方法，了解到被经验科学所驳斥的那些先验、谬误结论的悠久历史，因此，对于我们来说，一旦面对任何所得结论与明摆着的事实相矛盾的演绎，自然会怀疑它是谬论。但这种怀疑很容易过度，如果可能，最理想的状况是在错误存在时就能确实地发现错误的确切性质。不过毫无疑问，我们所谓的经验世界观已成为所有经过教育的人群思维习惯的一部分。也正是这种经验世界观，而非任何明确的论证，整体减轻了古典传统对哲学学生和受教育民众的束缚。

因此，哲学中，逻辑的功能是首要的——这一点我会在后面尝试说明，但依我之见，逻辑的功能并不是古典传统中所具有的那种功能。在古典传统中，逻辑通过否定体现其建设性，其目的似乎是从可能性相等的选项中择其一而否弃其余，而被选中者便被断定能在现实世界中实现，进而，世界就通过逻辑被构建起来了，几乎无须寻求具体经验的帮助。在我看来，逻辑的真正功能恰恰相反。逻辑应用于处理经验方面的问题时，重分析而不重构造。拿先验来说，它侧重于说明那些之前从未被怀疑的备选项的真实可能性，而不是那些先前看似可能的备选项的不可能性。因此，逻辑解放了关于世界本质的想象，同时又拒绝就世界的本质定规立法。这个由逻辑内部革命带来的变化，已经肃清了传统形而上学野心勃勃的复杂结构，即使那些最信仰逻辑的人，也已经不再有用逻辑构建世界的野心了；而对于许多视逻辑为空想的人来说，由逻辑引发的那些自相矛盾的体系甚至都不值一驳。因此，这些体系在各方面都失去了吸引力，甚至连哲学界都越发对其放任自流了。

　　此外，我觉得应该提一提该学派最受欢迎的几种学说，以阐明其主张的本质。这个学派告诉我们，宇宙就像动物或完美的艺术品，是一个"有机统一体"。大体的意思是：各个不同部分互相适应、共同协作，并且它们的本质由各自在整体中所处的位置决定。这种信念有时被独断地提出，有时则会辅以一些逻辑论证为之辩护。如果这种观点是正确的，那么宇宙的每个部分都是一个小宇宙，都是整体的缩影。根据这种学说，如果我们深入了解自己，那么就应该无所不知。了解常识的人自然会反驳道，我们与某些人群（比如亚洲人）的关系是如此迂回间接、微不足道，以至于我们不能通过与自身相关的事实推断出任何同他们相关的重要信息。如果在火星或者宇宙中更遥远的地方存在生命体，那么这项论证就会变得愈加有力。进一步来说，我们所生活的这个时空，其全部内容兴许在众多宇宙中只是九牛一毛，同时，每个宇宙从其自身角度来看都是完整的。因此，万物必然统一的概念，终究只是缺乏想象力的表现，而一种更自由的逻辑则让我们得以摆脱唯心主义所兜售的存在总体论，这种理论俨然一所要求统一着装的慈善机构。

该学派还有另一种学说，尽管没有得到所有人的认可，却为大部人所主张，即一切实在都是所谓"心理上的"或者说"精神上的"东西。也就是说一切实在的存在都必须依赖于心理。这种观点经常被特化为一种形式，声称知者和所知之间的关系是根本的，并且除了这两者不可能存在其他事物。此处，同样的定义功能再一次被归因于先验论证，即认为未知的实在存在矛盾。如果我没理解错，这项论证依然是谬误的。一种更完善的逻辑会告诉你，未知事物的广度和本质是没有极限的。我谈论未知事物时，不仅指我们个人不了解的事物，还指那些任何心灵都不了解的事物。此处的旧逻辑也像在别处一样，把想象力囚禁在熟悉事物的高墙内，将可能性拒之门外。新逻辑则宁可指出有些事情可能会发生，却不会下定论说有些事情必然会发生。

古希腊人对理性的信念和中世纪对宇宙整体为一的信念如同一对个性迥异的父母,而逻辑中的古典传统便是它们唯一幸存的后代。对于被战争、迫害、瘟疫所困扰的经院哲学家来说,没有什么比安全和秩序更能令他们感到快乐的了。他们在理想幻梦中寻觅的安全和秩序:无论是托马斯·阿奎那还是但丁的宇宙都像荷兰画派[1]的室内画一样小巧精致。而如今安全已经令人习以为常,人类原始的野性已渐行渐远,直至沦为日常生活之外聊以慰藉的调味品,所以对于生活在当今的我们来说,心中所梦想的世界和处于归尔甫派和吉伯林派[2]战乱中的人们心中所梦想的世界大相径庭。因此威廉·詹姆斯反对被他称为

---

[1] 17世纪在荷兰兴起的艺术流派,继承了15、16世纪尼德兰民族艺术传统,以写实、纯朴为其特点,很少受到当时流行于欧洲的巴洛克风格的影响。

[2] 又称教皇派、皇帝派,指位于中世纪意大利中部和北部分别支持教皇和神圣罗马帝国的派别。

古典传统的"整块宇宙"。因为尼采崇尚强力,所以许多温和的文人会说出嗜血的言辞。人性野蛮的基质在行为中无法得到满足,于是转而在想象中寻求宣泄。如同在其他领域,这种趋势在哲学领域中也十分明显。正是这种趋势(而非形式上的论证)把古典传统推至一旁,代之以一种自诩更强健、更富生机的哲学。

进化论

不论哪种形式的进化论,在我们这个时代都被奉为圭臬,在政治、文学、哲学等领域独占鳌头。尼采、实用主义[1]、柏格森标志着进化论在哲学领域发展的三个阶段,他们的观点就连哲学圈外的人都耳熟能详,这表明进化论和这个时代的精神的确能产生共鸣。进化论自诩植根于科学,能点燃希望,激发对

---

[1] 产生于19世纪70年代的现代哲学派别,认为认识只能来源于经验,真理是对经验的解释,关注行动是否能带来某种实际的效果,有用即真理,无用即谬误。

人类力量坚定不移的信念，是与古希腊人的论辩权威和中世纪的独断权威相抗衡的良方。反对如此广为流传又深得人心的信条似乎意义不大，况且，每个现代人都会对其精神表示赞同。但我认为，人们陶醉于进化论阪上走丸般的成功，反倒忘记了真正理解宇宙所需凭借的诸多大本大宗。只有与古希腊文化中的某部分结合，这种新精神才能脱离稚嫩，走向成熟。我们应当谨记：生物学不是唯一的科学，亦不是其他科学必须遵循的规范。我会试着证明，进化论所用的方法并非真正科学的哲学方法，研究的问题亦非真正科学的哲学问题。真正科学的哲学，不仅更艰深，更超脱，更少夹杂世俗的愿望，而且要通过更严苛的训练才能在实践中成功。

达尔文的《物种起源》让世人相信，动物和植物之间的差异并不像看上去那样固定不变。自然种类学说轻易、明确地将生物分门别类，该学说被供奉于亚里士多德传统的神龛之上，领受正统信条之名，备受保护。然而，进化论将这一学说从生物学界永远扫地出门。人类自诩高高在上，在我们看来，人和低等动物之间似乎有着天壤之别。然而进化论表明，这种差异是逐渐演化的结果，其间包含许多生物，这些生物既不能确定地归入人科，又不能将其排斥在外。而且，拉普拉斯[1]也已经证明，太阳和行星很可能是大大小小的原始星云分化而来的。因此，原本固定的旧界标开始松动，变得不再明确，所有明确的分界线都变得模糊。事物和物种失去了确切的边界，再没有人能说明它们从何而来，终归何处。

然而，就算人类的独尊自大心理一度被"人猿同祖"这一说法所撼动，但很快就找到了重新肯定自己优越地位的途径——进化的"哲学"。从阿米巴[2]变成人的过程，在人类看来显然是一种进步，尽管我们不知道阿米巴是否认同这一观点。科学已证明，过

---

1 指皮埃尔·西蒙·拉普拉斯，法国天文学家、数学家，分析概率论的创始人，天体力学的主要奠基人，天体演化学的创立者之一。
2 一种单细胞动物。

去的历史也许就是这样一个循环变化的过程。人们对此欣然接受，认为其揭示了宇宙不断完善的发展规律——理想会慢慢演化、展开成为现实。不过，这一观点虽然能让斯宾塞等"黑格尔进化论者"满意，却无法说服那些全心全意信仰变化的人。在后者看来，如果世界不断向一个理想靠近，这个理想便会呆滞、静止，失去激励人心的力量。而实现理想的渴望和理想本身都必须随着进化的过程变化发展，所以固定的目标是决然不存在的，存在的唯有生命不断塑造新需求的冲动。也正是这种生命的冲动，让进化的过程变得统一而连贯。

自17世纪以来，詹姆斯口中的那些"软心肠者"一直在与一种机械的自然观进行殊死搏斗，强力推行这种机械论的似乎就是物理学。古典传统之所以有吸引力，很大程度上是因为其多少摆脱了物理学所宣扬的机械论。而如今，在生物学的影响下，"软心肠者"认为有望更彻底地摆脱机械论，他们不仅彻底摒弃物理学规律，而且要摒弃那些看似坚不可揩的逻辑工具及其固定的概念、普遍的原则，以及某些即便人们心中再不服也只能认同的推论。因此，那种认为"目的"是一个渐露端倪的固定目标，我们会逐步向其靠近的旧式目的论遭到了柏格森的否定。他认为这种目的论未能让变化占据统治地位，并在解释了自己为何不接受机械论之后，继续说道：

> 彻底的目的论亦是不可取的，原因同上。以莱布尼茨的理论为例，极端目的论认为，事物和存在仅仅是在实现一个预先安排好的计划。但如果宇宙中一切尽在预料之中，不存在新的发明创造的话，那时间便会再次失去存在意义，正如机械论所假设的那样（该理论也假设一切早有定数）。目的论一旦从这个角度来理解，不过是一种颠倒过来的机械论罢了。因为两者源自相同的假定前提，唯一的不同点在于当我们有限的理智与连绵不绝的事物（其连续性被归结为纯粹的现象）一起运动时，目的论宣称：指引我们的灯光在前方，用未来的吸引力代替了回到过

去的冲动。但正如运动本身是一种现象一样,这种连续性也只是一种纯粹的现象。在莱布尼茨的学说中,时间被归结为一种混乱的知觉,这种知觉与人类的感知不同,对于一个安坐于事物中心的本质来说,这一知觉[1]将像升腾的雾气一般归于无形。

不过,目的论和机械论不同,不但没有明确的条条框框,反而能屈能伸,十分变通。对于机械论哲学,我们要么接纳,要么摒弃。如果一颗微尘偏离了力学所预见的轨道,表现出稍许自发运动的迹象,那么机械论就必须被摒弃。相反,对于目的论的学说,我们无法断然否定。因为,一种形式的目的论遭到否定,另一种形式的目的论便会应运而生。而目的论的原则本质上与人的心理有关,十分灵活,其涵盖范围极广,兼容并包,导致人们一旦抛弃纯粹机械论就会接受目的论的某种观点。因此,本书提出的理论不可避免地将带有几分目的论色彩。

---

[1] 即时间。

第一章　当前的哲学发展趋势

柏格森式的目的论依赖于他的"生命"概念。在他的哲学中，生命像一条不断流淌的河流。河流中的所有分别界限都是人为造作的、毫不真实的。那些各自独立的事物、开始和终结的观念等，都只是人们为方便起见而虚构出来的东西。这条生命之河中，只存在平顺且不间断的转化。如果今天的信念能载着我们在生命之河中徜徉，那这些信念在今天就能视为真的，但到了明天，就可能会变成假的，必须代之以新的信念，以应对新的情况。我们的全部思想就是为了方便虚构出来的东西和想象中生命之河的幻象形成的。尽管有我们虚构出来的东西，但是实在依然川流不息。我们居于其中，却无法用思想将其描摹出来。对于实在，柏格森虽然没有给出确凿的陈述，但却暗暗下了这么一个保证：尽管我们无法预知未来，但未来必将胜于过去和现在。他把读者当成等着糖吃的孩子，让他们只管闭上眼，张开嘴就好，这个过程连续且无限趋近吃到糖的结果。在这种哲学中，逻辑、数学、物理学都消失了，因为它们过于"静态"。

只有趋向目标的冲动和运动,才是真实存在的,而这个目标好比天边的彩虹,我们不断前进,它不断后退,我们每到一处,所看见的景色都和从远处看到的不同。

眼下,我不打算对这种哲学做专门的考察,只想提出两点意见:其一,进化的事实即便能在科学上令人信服,也不代表在哲学上也能如此;其二,激发这种哲学的动机和兴趣完全是出于实际考虑,但它处理的问题太过特殊,因此很难说它确实触及了在我看来构成真正哲学的任何问题。

(1) 生物学已使人相信:物种之所以有差别是为了适应环境,起初,它们的祖先并未如此分化。虽然这一事实本身十分耐人寻味,但并不能由此得出哲学结论。哲学无所不包,对一切存在一视同仁。作为有情众生,任何地表物质所发生的细微变化对于具有主动感知能力的我们来说都十分重要;而对于哲学家,地表之外的物质所发生的变化更让他们感兴趣。即便数百万年以来,地表发生的种种变化按当前的伦理观来看呈现进步的性质，也并不足以证明进步是宇宙的普遍规律。除非急于求成，不然没人会从如此片面的事实中得出如此草率的概括性结论。在下定论之前，不能只听生物学的一家之言，更应结合具有科学研究的所有学科的观点研究。由此，我们得出的结论是：想要了解世界，必须首先了解变化和连续性。和生物学相比，物理学在这点上体现得更明显。但是，无论是物理学还是生物学，都无法分析变化和连续性所带来的问题。因为这类新问题属于另一个研究领域。因此，不能仅凭生物学、物理学所揭示的特定事实，就断言进化论对该问题给出了特定答案。若对此问题妄下定论，进化论将不再是科学的理论；但若对此问题避而不谈，进化论也不算哲学的课题。因而，进化论由两部分构成：一部分不属于哲学范畴，只能算一种草率的概括，有待专门的科学对其进行证实或证伪；另一部分不属于科学范畴，只能算未经证实的教条，虽然讨论的是哲学问题，但进化论所依据的事实，并不能推导出这些结论。

（2）进化论关注的是人类的命运问题，或至少是生命的命运问题。但相比于知识本身，它更关心道德和幸福。我们应当承认，许多其他的哲学也是如此，很少有人渴望获得哲学真正能够给予的知识。但是，如果想让哲学成为一门科学，而我们的目的恰好就是找到实现这一想法的方式，那首要条件就是：哲学家应当和真正的科学家一样不偏不倚，对一切事物抱有理智的好奇心。想了解人类的命运，我们必须探寻关于未来的知识，但是，这种知识具有一定的局限。我们无法确定这一局限的范围会随着科学的进步扩大多少。但可以肯定，任何关于未来的命题，就其讨论的问题来看，都属于某种特定的科学。如果证明这些命题，就需要采用这一科学的方法。但如果投机取巧地用哲学直接代替其他科学，那并不能得出与科学相同的结果。哲学要成为一门真正的学科，就必须有自身的研究领域，并致力于得出其他科学无法证明亦无法反驳的成果。

　　假设哲学确实存在，那么它所包含的命题必然不能与其他科学重合。这一考虑影响深远。一切所谓与人类利益相关的问题，譬如来生的问题，至少从理论上来看，都属于可以根据经验证据判定的专门科学。过去的哲学家动不动就对经验问题下定论，结果发现，自己的论断和验明无误的事实相去甚远，因此，我们必须抛弃用哲学来满足世俗欲求的想法。哲学只有远离实用主义的沾染，才能帮助我们概括性地了解世界的方方面面，教我们运用逻辑去分析那些为人熟知却纷繁复杂的事物。如果哲学能够实现上述目标，提出有效的假设，那其他科学也会间接受益。数学、物理学、心理学等学科受益尤多。然而，要将真正科学的哲学发扬光大，只能寄望于那些想要求知、希望解答思想困惑的人，除此之外别无他选。它在自身领域内给人带来的那种满足感与其他科学别无二致。不过，关于人类命运或宇宙命运这样的问题，哲学无法解答，也不会试图给出答案。

若上述内容属实，那进化论不过是仓促下从某些特别片面的事实中得出的概括，它伴随着对一切尝试分析的过程的独断否定,受到实际的而非理论的兴趣所驱使。因此,尽管它旁征博引,援引了诸多科学的具体成果,但和被它取而代之的古典传统一样,并没有真正做到更具科学性。那么,如何让哲学具有科学性?什么才是哲学真正的课题?下面我将列举一些现有的成果,接着推而广之,谈一些更普遍的内容。首先,我们来谈一下关于空间、时间、物质的物理概念问题。正如我们所见,进化论的拥护者对这些概念提出了疑问。但人们终将承认这些概念需要被重建,物理学家们也日益迫切地主张这一点。人们也必须承认,这种重建必须深入探究变化和万物之流变的课题,不能满足于用旧力学所主张的物质不灭这种基本概念来解释。不过,我认为概念的重建不适合走柏格森的路线,因为他对逻辑的全面否定百害而无一利。然而,我也不提倡公开论战,而更倾向于独立探讨。从前面哲学阶段已经显现为事实的东西出发,在前后连贯的前提下,始终保证紧密围绕这些初始材料进行研究。

第一章　当前的哲学发展趋势

其实，从来没有哪两个哲学家能够真正相互理解，因此公开论战在哲学领域收效甚微。尽管如此，我们似乎还是有必要在一开始就谈一谈哲学研究中科学态度与神秘主义态度针锋相对的原因。形而上学最初便是从这两种态度的结合或冲突中发展出来的。古希腊最早的哲学家中，伊奥尼亚学派[1]偏科学，而西西里派[2]则偏神秘。但在西西里派中，例如，毕达哥拉斯[3]便很不寻常地集两种态度于一身，既从科学态度出发提出了直角三角形的定理，又从神秘主义的态度出发认为吃豆子是邪恶的行为（他认为吃豆子会胀气因而会带走一部分灵魂）。因此，他的弟子也分成了两派：一派热爱直角三角形，另一派害怕吃豆子，而前一个派别没有传续下去。正因如此，所

1　古希腊学派，由泰勒斯创立，认为一切表面现象的千变万化之中有一种始终不变的东西。
2　古希腊学派，由希波克拉底创立，这一学派强调对自然界的研究和认识，主张万物皆流动不息，万物变化无常。
3　古希腊数学家、哲学家。

以后来许多的希腊数学家的思辨过程尤其是柏拉图的数学观，蒙上了一层神秘主义色彩。当然，柏拉图也集科学态度和神秘主义态度于一身，而且他对神秘主义的理解较其前辈高了不少，并且神秘主义态度在他身上显然占上风，在两者矛盾激化时稳操胜券。除此之外，柏拉图还借鉴了埃利亚学派[1]的方法，用逻辑战胜常识，为神秘主义创造发展空间。这种方法至今依然为古典传统的追随者们所沿用。

但在我看来，神秘主义为自身辩护的逻辑并不正确，因此，我将在后面对其提出批判。但那些彻头彻尾的神秘主义者并不使用他们所鄙夷的逻辑，而是从神秘的洞见中寻求立竿见影的启示。如今，发展完备的神秘主义在西方虽然罕见，但许多人的思想多少都带着点神秘主义色彩，在那些人无凭无据却深信不疑的事情上尤为如此。那些执着于寻找刹那即逝、难以获得之物的人，都怀着一种无法抗拒的信

---

[1] 古希腊最早的唯心主义哲学派别之一，因该学派建立于南意大利半岛的埃利亚地区而得名。

念，即在科学所记录、分类的大量琐碎的事实之外，世界上还存在某种更深刻、更有意义的东西。他们觉得，在世间万物的背后，有某种颇为不同的东西在透出微光，并在人得到启示的瞬间大放光明，也只有这种启示才能给人带去那种配得上"真理"这一称呼的实在知识。因此，对于他们来说，寻求这些获得启示的瞬间是获得智慧的方法，而不是像科学家那样冷静观察、客观分析、不假思索地认为琐碎之物和重要之物同样具有实在性。

尽管我不了解神秘主义者眼中世界的实在性或非实在性，但我无意去否定它，甚至不想说揭示了这样一个世界的洞见不是真正的洞见。在此，我秉持科学至上的态度，坚定地认为：尽管许多至关重要的真理最初也仅是猜想和假设，却不能证明这种未经检验、缺乏依据的洞见足以作为真理的基石。人们常常觉得本能和理性是对立的。18世纪时，人们在这组对立概念中站在了理性一边。但在卢梭和浪漫主义运动的影响下，人们心中的天平又倾向于本能。起初，那些反抗人为统治和人为统治思想的人支持本能。后来，由于用纯粹理性主义为传统神学辩护变得越来越无力，所以这些人支持本能，因为他们觉得科学使他们的信条受到威胁，这些信条即一种在精神层面对生命和世界的看法。柏格森以"直觉"之名抬高了本能的地位，使其成为形而上学的真理的唯一仲裁者。但实际上，本能和理性的对立大都是虚构的。本能、直觉或洞见先让人产生信念，随后理性再来证实或驳斥这一信念。不过，有望被证实的内容，终究最初还是由本能所产生的信念构成的。因为理性的力量仅限于协调和指挥，而不能用于创造。即使在最纯粹的逻辑领域，新的事物也是由洞见产生的。

有时候，信念不同确实会让本能同理性产生冲突。当人们本能地奉持某一信念的时候，哪怕它与其他信念天差地别，人们也不会轻易放弃这一信念。和人类的其他能力一样，本能也会出错。缺乏理性的人往往不愿意承认自己本能的判断有错，但若说的是别人，态度便截然不同。在现实事务中，本能判断最不容易出错，因为本能的正确判断有助于生存。譬如，人们能异常敏锐地看穿他人精心的伪装，察觉到对方是友善还是心怀叵意。然而，即便在这种时候，要是遇上城府太深或善于奉承的人，我们也不免看走眼，更别提那些和实际生活不直接相关的事了。而哲学要处理的就是这类事情，非常强大的本能信念很可能大错特错，因为本能信念有时会和其他强大的信念之间产生明显的冲突。因此，我们需要理性在其中调和仲裁。理性既能通过信念间的比较来检验信念的真实性，又能在存疑的情况下，从多方面考察错误的可能来源。在此，我并不是要全盘否定本能，而是反对在某些问题上盲目信赖本能，而排斥其他较为寻常但同样可靠的内容。理性所要纠正的，正是这种片面性，而不是本能本身。

这些主张和原则听起来似乎有些老生常谈，此处我们可以借柏格森的理论加以说明。柏格森主张"直觉"，反对"理智"。他说："认识事物有两种截然不同的方法。第一种方法是我们在研究对象的外围绕圈子，第二种方法是我们进入研究对象内部。第一种认识方法取决于我们所持有的观点和自我表达的符号，而第二种认识方法既不凭借任何观点，亦不凭借任何符号。可以说，用第一种方法获得的认识仅止步于相对真理，用第二种方法获得的认识则在某些情形中臻于绝对真理。"而第二种认识方法即直觉。柏格森称："正是通过这种理智的共鸣，我们方能进入对象的内部，与其中某种东西不谋而合。这种东西仅存在于事物的内部，因而不可名状。"（《形而上学原理》）接着，他以自我认识为例，说道："至少有一种存在于事物内部的实在，只能通过直觉去认识，单凭理性分析无法把握。这种实在，即我们随时间流变的人格，是绵延的自我。"（《形而上学原理》）柏格森哲学的其他部分则借字词这种不完善的媒介，去传达直觉所获得的认识，从而彻底否定一切凭借科学和常识获得的近似知识的东西。

因此，既然这种方法在本能和理智之争中站在了本能一方，它就需要证明为何本能比理智获得的知识更真实可靠。对此，柏格森试着从两个方面来阐述。首先，他指出理智是一种纯粹从实际出发的能力，人之所以具备这种能力，是为了确保满足生物学层面的完善与卓越；其次，他提到了动物身上与生俱来的卓越本能和世界的某些特征，并认为这些本能和特征只有凭直觉才能理解，理智对其无能为力。

根据柏格森的理论，理智是在求生的过程中发展而来的，是一种纯粹实际的能力，而不是真正信念的来源。对此，我们可以提出反驳：首先，唯有通过理智，我们才知道什么是求生，以及哪种动物是人类生物学上的祖先。如果说理智将人引入歧途，那我们恐怕要推翻整个仅靠推断得来的生物进化史了。其次，如果我们赞同柏格森的说法，认为生物进化如同达尔文所想的一般，生物根据生存需求各自演化，那不仅是理智，而是我们所具备的一切能力都是为了追求实际效用而发展起来的。直觉也仅在判断他人品性和癖好等直接能用上的场合表现得最为明显。柏格森显然认同直觉和纯粹的数学能力相比，这种数学能力的发展比较难用生存竞争来解释。因为，原始社会的野蛮人如果交错了朋友，可能要为这一误判丢了性命；反观眼下高度文明的社会，人们却不会因为数学能力差而被判死刑。关于动物本能，他给出的那些最令人咂舌的例子，每个都和生存价值直接挂钩。当然，直觉和理智之所以发展起来，确实是因为它们有用。一般来说，判断它们是好是坏，要看它们带来的是真理还是谬论。可对于文明人而言，理智已经和艺术才能一样，其发展有时会超越对个人有用的范畴；另外，随着文明的发展，直觉的作用从整体来看似乎在削弱。一般来说，儿童的直觉比成年人更灵敏，而未受教育者的直觉又比受教育者灵敏。或许狗的直觉能力甚至超过了人类所具备的任何推测能力。但单凭这些事实就推崇直觉的人，就该回到在丛林中裸奔的时代，用靛蓝涂抹全身，摘野果充饥。

接着，我们考察一下直觉是否真像柏格森所说的那样绝对正确。据他所说，最好的例子就是我们对于自身的认识,但众所周知,人们很少也很难做到认识自我。譬如,吝啬、虚荣、善妒是多数人的天性,尽管他们的挚友对此一清二楚,他们自身却一无所知。诚然,直觉有一种令人诚服的力量,这种力量是理智所缺乏的,因此,人们一旦动用了直觉,就几乎不会质疑它的真实性。但若经过考察会发现,直觉和理智一样也会犯错,那让它占上风的主观确定性便再无优势可言,反倒坐实了它假意欺骗的弊处。除了自我认识,我再举一个关于直觉的典型例子——人们对所爱之人的认识。爱情看似能消除不同人格之间的屏障,让人们自以为能像认识自我一样,洞悉对方的灵魂。然而,在爱情里,撒谎欺瞒屡见不鲜;即使不存在有意欺骗,事实也会逐步证明那些所谓的心心相印其实都是虚妄的。所以,从长远来看,凭借理智亦步亦趋、不断求索的方式才更为踏实可靠。

但面对质疑,柏格森坚称,理智只能借助过去已有的经验来看待事物,而直觉却能把握事物每一瞬间的独特和新奇。值得肯定的是,世界每时每刻都会产生独特新奇的东西,而理智的概念确实无法充分描述它们,只有直接的亲知才能把握这种独特和新奇。但据我所知,这种亲知完全是从感觉中获得的,要想把握这种亲知,不需要借助任何特殊的直觉能力。提供新材料的既不是理智也不是直觉,而是感觉。但若这些材料闻所未闻,理智则比直觉更有能力处理它们。就像孵出了一窝小鸭的母鸡肯定是有直觉的,这种直觉让它亲近小鸭,把它们当成自己的孩子,而不是光从理性的角度认识它们。然而,一旦小鸭们下了水,这种流于表面的直觉便成了错觉,母鸡只能眼巴巴地留在岸上。事实上,直觉既是本能的一个方面,也是本能的进一步发展。在上面的例子中,直觉与所有本能一样,在熟悉的环境中塑造了母鸡的习惯,这一点着实令人惊叹。而一旦环境产生了变化,要求的行为方式不在习惯范围内,直觉就无能为力了。

哲学研究旨在用理论认识、研究世界,但对于动物,对于未开化的野蛮人,甚至对于文明程度最高的人类来说，并不具有显著的实际意义。因此，那些出于本能或直觉的简单粗暴、即取即用的方法很难在这个领域找到用武之地。那些古老的揭示了我们和动物以及半人类祖先之间的亲缘关系的活动最能体现直觉的能力。譬如说，在自我保护和恋爱等方面，直觉的应对方式有时迅速且准确（尽管并不总是如此），常使带着批判眼光来看待世界的理智自愧不如。但哲学所追求的并不是阐明这种代代相承的生存方式。哲学旨趣高尚、极富教养。从事者要想有所成就，从某种意义上说需要从依照本能生活的习惯中解放出来，甚至有时需要用超然物外的态度面对世俗的种种希望和恐惧。因此，我们不能在哲学研究中期待直觉何时能大显身手。与之相反，哲学真正的研究对象以及掌握哲学研究的思想习惯，既不可思议又非同寻常，而且超然物外。所以，相对于绝大多数情况来说，在哲学研究中采取理智的做法比凭借直觉来得高明，而未经思索分析便不加理性地仓促下定论是最不可取的。

在我们进行艰深而抽象的讨论之前，最好先考察一下何种希望可以保留，何种希望必须抛弃。若希望人类本身的发展欲求得到满足——希望证明世界存在某种合乎理想的伦理性质——依我所见，这种希望是哲学无论如何都满足不了的。善与恶的世界之所以不同，是因为这两个世界中特定的事物具有不同的特性，而这种事物特性上的区别不够抽象，不能纳入哲学所研究的范围。比方说，爱与恨虽然在伦理上对立，但从哲学的角度来看，这二者对待对象的态度和行为习惯相差无几。这种对待对象的态度最终构成了心理现象，而哲学研究的，便是这类态度的一般形式和结构。然而，爱与恨的区别并不是单纯形式和结构的不同，因而只能划入心理学这一专门科学的研究范畴，与哲学无关。因此，尽管对伦理的兴趣时常能给哲学家以启迪，但终究不能登上哲学舞台。某一伦理兴趣可能启发一整项哲学研究，但不应将其带入具体细节的研究，也不应期望能得到预想中的特定结果。

乍看之下,这一观点难免令人扫兴,那我们不妨回想一下,其他门类的科学也都经历过与之类似的变化。如今,物理学家和化学家已不需要证明离子和原子在伦理学上的重要性,生物学家也不会被要求证明其解剖的动植物能产生多大效用。可在历史早期,情况截然不同。譬如,人们之所以会研究天文学,是因为相信占星术,认为行星运动至关重要,能对人类的生活产生直接且重要的影响。但当这一信念不再盛行,对天文学不计功利的研究崛起时,那些沉迷占星术的人可能还坚持认为,天文学既然与人类现实利害无关,那便毫无研究价值。柏拉图的《蒂迈欧篇》中所述的物理学充满着伦理观念,其创作宗旨就是指出地球值得赞美。反之,近代物理学家虽然对此从未反驳,但作为物理学家,地球的伦理性质并不属于他们的研究范畴,他们只需关心如何找出事实,并非去评判这些事实的是非黑白。在心理学领域,科学态度的出现甚至晚于物理学,而且被接受和推广的难度也更大。人们想当然地认为:人性非善即恶，既然善恶之分在实践中举足轻重，理论上也应如是。直到19世纪，伦理中立的心理科学才发展起来。对于心理学而言，要想在科学领域上有所发展，同样必须保证在伦理上保持中立。

但迄今为止，鲜有人在哲学上寻求伦理的中立，更几乎没有人在哲学上达到过伦理的中立。人们始终铭记着自己的夙愿，并借由这些夙愿评判各种哲学。当具体科学不再认为善恶观念能帮助人们了解世界时，哲学竟沦为了这一信念的避难所。但如果我们不想让哲学成为南柯一梦，就必须将这一信念从哲学这个最后的避难所中驱逐出去。通常来讲，那些直接追求幸福的人并不能完全得偿所愿，追求善约莫也是如此。所以无论如何，在思想上忘记善恶评判观念而只求事实，比通过自身欲望这一歪曲的媒介来看待世界，更有可能获得善。

近年来，我们掌握了大量关于经验世界的知识，这种知识积累的速度堪比文艺复兴时期，这对一般理智的世界观产生了两方面影响。一方面，人们开始怀疑那些宏伟、庞大的知识体系，不再将其奉为真理。各种理论此消彼长，每个理论都仅能在短期内将已知事实分类，推动对新事实的探索，却不足以应对那些新发现的事实。即便是提出这些理论的人，也只在科学上把这些理论当作权宜之计。中世纪经院哲学家曾自诩达到了理想状态，找到了无所不包的综合理论，而今我们却与那个曾触手可及的目标渐行渐远。正如蒙田笔下的世界那般，人们专注于发现越来越多的事实，对其他事情不屑一顾，而这些事实反过来又将人们珍视的理论一个个推翻，致使被排列整合的理性论证不胜其烦，失望之下便开始敷衍了事。

另一方面，新的现实带来了新力量，人类正以前所未有的速度从物质层面加大对自然的控制，并有望在将来超过所有可轻易判定的界限。因此，尽管对终极理论的探索感到失望，人类对未来实践却充满乐观，认为自己似乎无所不能。因此，人类将自身固有的限制抛诸脑后，忘却自己终将一死，忘却对宇宙中各种力的平衡的依赖，任何确凿的事实都无法动摇人类渴望万能的梦想。不论什么哲学，只要对人类满足自身愿望的能力加以限制，都不为其所容纳。因此，正是由于理论的结果令人失望，人类才不容许任何质疑其在实践上取得成功的想法存在。

我认为，近代精神无论是在接纳新事实方面，还是在质疑对整个宇宙下独断的见解方面都是值得肯定的，整体上说也是具有进步意义的。但在我看来，这种精神在实践上过于自负，在理论上又少有建树。毕竟，人类穷其所能，大多数精力依然被用在对抗阻碍自己实现希望的障碍上，而这些障碍又是天然存在且恒久不变的。如果这样还要自诩万能，那人类未免显得浅薄，甚至有点荒唐了。在理论方面，终极的形而上学真理虽不像过去一些哲学家所认为的那样无所不包、难以企及，但我相信，只要人们具有希望、耐心、开明等科学的特质，同时能像古希腊人那样体会抽象逻辑世界的美，了解思考真理最终所具有的无上价值，就能发现它。

因此，如果想在哲学研究中真正受到科学精神的启发，就必须研究那些枯燥又抽象的事物，而不能指望在人生中寻找实际问题的答案。对于那些为了搞清宇宙构造而研究复杂晦涩问题的人而言，是可以从哲学中获得丰厚回报的。其所获得的成就，不仅可以像牛顿和达尔文的理论那样举世闻名，还可以更长久地帮助我们塑造心理习惯。与每一种强有力的新研究方法一样，这种哲学研究角度，还带来了更可靠、更有根据的力量和进步的希望，这是那些在仓促之下对宇宙本质做出的错误概括所无法企及的。尽管它做不到它所声称的"能满足曾经鼓舞了哲学家们的许多希望"，但在满足较为纯粹理智的希望这方面，这种研究做得远胜前人。

书名　　　　　　　　作者

我的评分　　　　　　阅读日期

最爱金句

我的书评

UNREAD

一起制作读书笔记吧！
把「未读」变成已读

画下本书封面吧!

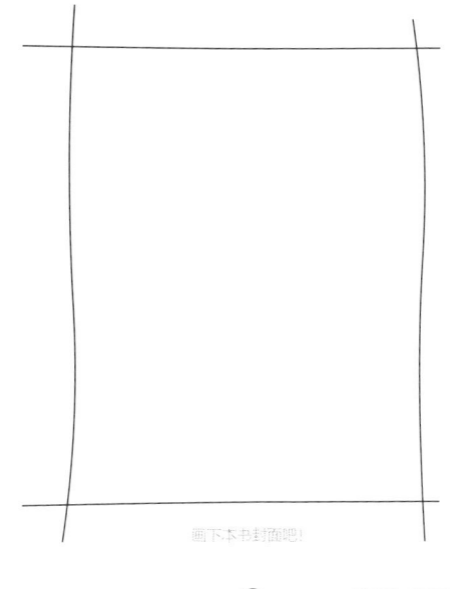

from 未读[注] → to 已读[99+]

扫码或搜索关注小红书
@未读Unread 查看活动详情

使用说明:
沿虚线裁开本卡片,即可获得1张读书笔记小卡。
填写并收集本卡片,在小红书发笔记可兑换 未读
独家文创。 卡片数量越多, 文创越是重磅。

(注)「未读」, 未读之书, 未经之旅。一个不甘于平庸, 富有探索与创新精神的综合文化品牌,为读者提供有趣、 实用、 涨知识的新鲜阅读。

本活动最终解释归「未读」所有

第二章

逻辑：哲学的本质

第二章 逻辑：哲学的本质

我们在第一章中讨论过的话题以及接下来要讨论的话题，尽管都属于哲学范畴，但其实是在讲逻辑。这不是一种巧合，而是基于一个事实——不管什么哲学问题，一旦经过分析、提炼，其结果要么和哲学毫无关系，要么纯粹就是在讲逻辑。不过，由于古往今来的哲学家对"逻辑"一词各执己见，所以我有必要事先给我所谓的"逻辑"下一个定义。

逻辑，在中世纪直至今天的教学中，指的无非是"三段论推理"方面的术语和规则的汇集。亚里士多德曾说，普通人只需跟着他反复学习逻辑学这一门课就行了。传统逻辑中那些浅薄的谬论至今仍被那些大名鼎鼎的权威奉为必备的"入门知识"，这种道貌岸然的伪君子式训练，在他们看来能使你获益匪浅。然而，我认为所有哲学都归于逻辑，这并不是要赞扬这种说法。从 17 世纪初开始，所有致力于发展推理的知识分子都抛弃了中世纪的传统，以各种各样的方式拓宽了逻辑的适用范围。

由培根和伽利略引入的归纳法，首次拓宽了逻辑的适用范围。培根的归纳法空谈理论、漏洞百出，而伽利略的归纳法则是在现代物理学和天文学的实际运用中得出的。这可能是一般受过教育的群众所知的唯一一次对旧逻辑的拓展。归纳法作为一种研究方法固然重要，但当它物尽其用之后，便似乎不复存在了。因为在一门完善学科的最终形式中，似乎一切都是能通过演绎得出的。如果归纳法仍然存在（具体是否存在很难给出定论），那么它充其量也只是让演绎得以进行的原则之一罢了。因此，引入归纳法最终似乎并未构建出一种新的非演绎的推理方式，而是通过指出一种既非三段论又非中世纪模式的演绎方式，从而拓展了演绎的范围。

根据所掌握的知识，我们很难理解归纳法的适用范围及有效性，但这两点又十分重要。拿"太阳明天是否会升起？"这一问题为例，我们起初肯定不假思索就会给出肯定回答，并觉得这是毫无疑问的，毕竟太阳曾在过去那么多的早晨升起。但现在，我自己也不知道这能否算一个推理的依据，不过我想假定其成立。而紧接着就出现了一个问题：我们根据过去太阳升起推断出未来太阳也会升起是基于什么推理原则？穆勒[1]的答案是：该推理基于因果律。我们暂且假定这个答案是正确的，那么我们又为什么要相信因果律呢？针对这个问题，大致来说有三种可能的答案：（1）因果律是先天的认知；（2）因果律是公设；（3）因果律是根据过去适用的事例得出的经验概括。"因果律是先天的认知"这种说法无法被彻底驳倒，但只要精确阐述因果律，指出其远比一般所想象的关系更为复杂和模糊，就能表明该理论难以服人。认为因果律是公设，即明知其很可能是错的但仍选择相信，这种说法同样也难以断然驳斥，但

---

[1] 指约翰·穆勒，英国哲学家、心理学家、经济学家和古典自由主义思想家。

它显然也无法证明在推理中使用的因果律是正确的。因此,我们只得接受穆勒的观点,即因果律是一种经验概括。

然而,我们要如何证明经验概括的内容是正确的呢?支持这一点的论据不可能是经验的。如果我们想从已经观察到的事物推演出尚未观察到的事物,唯有通过两者间某种已知的关系才能做到。但根据定义,未观察到的事物并不是通过经验认识的,因而如果我们真能了解它和被观察到的事物之间的关系,那这一认知必定与经验无关。我们且来看看穆勒对该问题的看法。

穆勒将证明因果律的过程命名为"简单枚举归纳",而这一过程中很难规避差错。他说:"该过程把一般真理的本质归之于那些我们所知的一切事例中都被证明为真的命题。"至于此方法中可能存在的谬误,穆勒断言:"简单枚举法的不可靠性与所概括内容的广度成反比,观察的对象越是特殊,概括范围越是狭窄,这个过程就越不可靠,越不充分。随着概括对象范围的扩大，这种方法尽管不科学，但可靠性越来越高了。最普遍的那些真理，如因果律、算术原理、几何原理等，唯有通过这种方法加以证明，才能恰如其分、令人满意，除此之外别无他法。"

上文的论述中有两个明显缺陷：（1）如何证明简单枚举法本身是正确的？（2）什么样的逻辑原则（如果真有这样一种逻辑原则）和该方法涉及的范围相同，同时又没有这种方法的缺陷？我们先来讨论第二个问题。

像简单枚举法那样即使按照指示操作，得出的结果也时对时错的证明方法，显然不是一种有效方法，因为有效的方法必须得出确定不移的真理。因此，若想让简单枚举法成为一种有效方法，就绝不能用穆勒的方式来陈述。我们至多只能说经验材料给结论增加了或然性。或许我们应该这样说：因果律在我们能够检验的所有事例中都适用，因此它在未经检验的事例中或许也适用。"或然性"这一概念很难简而概之，不过现在我们可以暂时按下不表。这样，至少我们有了一个可以算作逻辑原则的东西，因为它是普遍适用的。如果一个命题在所有我们已知的事例中都为真，并且这些事例的数量十分庞大，那么，根据这些经验，该命题在其他事例中也为真的可能性是非常大的。就算某一事件也许根据经验材料来看可能会发生，最终却没有发生，但这种情况也无法反驳这一判断。然而，对于这一点显然可以做进一步的分析，进行更精确的描述。我们应该这么说：每一个使命题为真的事例，都增加了命题在新事例中为真的可能性。如果有足够多的事例能证明这个命题为真，同时不存在任何反例，那么该命题在新事例中为真的可能性就会无限接近于确定。简单枚举法若想变得有效，就少不了诸如此类的原则提供理论支持。

但这也给我们带来了另一个问题：我们怎么知道这个原则是正确的呢？显然，既然我们需要用这个原则来证明归纳是正确的，那就不能反过来用归纳来证明该原则；既然该原则超出了经验材料的范围，那就不能仅仅凭经验材料对其加以证明；既然需要用该原则来证明从经验材料内到经验材料外的一切推论，那么它本身就不能因为这些材料而具有任何程度的或然性。因此，如果该原则为人们所知，那必然不是通过经验得知的。我并不是说人们先天已经知道这一原则，我只是说经验论者所承认的这种由经验得出的推论，需要靠该原则来证明，而该原则本身是不能靠经验来证明的。

关于任何其他逻辑原则，我们都可以进行类似论证来得出类似结论。所以，逻辑知识不仅仅源于经验，经验论者的哲学也不可能被全盘接受，尽管它在逻辑范围外的很多问题上都拔新领异。

黑格尔及其门徒以一种截然不同的方式拓宽了逻辑的范围，但我认为他们的方式是靠不住的。若要指出他们的逻辑概念和我主张的逻辑概念到底有哪些差别，这就需要确实的论证。在他们的作品中，逻辑实际上等同于形而上学。大致而言，二者是以如下方式等同的：黑格尔通过先验推理，认为世界必然存在一系列彼此不同、十分重要、同时又妙趣横生的特性，因为不具备这些特性的世界是不可能存在的，是自相矛盾的。因此，他所谓的"逻辑"是对宇宙本质的探究，而这种探究成立的前提是宇宙必须具有逻辑上的一致性。然而，无论如何，即使黑格尔的推理是正确的，我也不认为它属于逻辑的范畴，不如说它是逻辑在现实世界中的一种运用。逻辑本身研究的应该是"同一性是什么"这类问题，但据我所知，黑格尔并没有对这类问题加以讨论。尽管他批判了传统逻辑，并自称要用自己改良过的逻辑来代替它，但从某种意义上说，传统逻辑及其全部缺陷自始至终都在未遭批判、未被发觉的情况下渗透进他的推理中。在我看来，我们不能沿着黑格尔所倡导的方向进行逻辑改造，而是要从黑格尔和其他大多数哲学家的体系所共有的前提出发，以较多的耐心、较少的奢望对逻辑做出更彻底的改造。

在我看来，可以用"范畴"这个黑格尔经常使用的概念来解释为什么黑格尔体系在采纳了传统逻

第二章　逻辑：哲学的本质

辑后又去批判它。我认为，这个概念本质上是逻辑混淆的产物，然而它似乎以某种方式替代了"作为全体实在的各种性质"这一概念。布拉德雷先生[1]曾提出一个理论，即我们通过判断认为，一个谓词的形成来自作为全体的实在。这个理论源于黑格尔。传统逻辑认为每个命题中的谓词都是由主词而来，由此可以很容易地得出一个结论，即只能有一个主词——绝对。因为如果有两个主词，那么这个含有两个主词的命题就不会把一个谓词的来由归于两个主词中的任何一个了。因此，黑格尔的学说便是：哲学命题一定是以"绝对是如何如何"的形式出现的。这一学说建立在主谓形式具有普遍性这一传统信念之上。这个信念是传统的，几乎是不自觉的，而且并不被认为有多重要，但它却在暗地里起作用。而且那些乍看之下似乎证明其真理性的论证（例如，对关系的驳斥）都事先假定了这一信念。这是黑格尔不加批判

---

[1] 英国哲学家，逻辑学家，新黑格尔主义的代表。

地采纳传统逻辑的最重要的方面。但当他明确讨论形式逻辑时也涉及其他次要的方面,诸如"具体共相""差异中的同一性"等概念,作为黑格尔基本哲学概念的来源也是很关键的。

另外还有一种与此截然不同的方向,逻辑学在技术上的发展就是沿着这一方向突飞猛进的。我说的就是被称为数理逻辑的那个方向。这种逻辑在两种不同的意义上与数学息息相关:它本身是数学的一个分支,同时又专门应用于其他更传统的数学分支之上。从历史角度看,它起初只是数学的一个分支,它在其他分支上的专门应用是近代才发展起来的。无论从上面哪个方面来说,数理逻辑都是莱布尼茨平生的夙愿,并投入了毕生热情去追求。因为被后来人再度发现了这一点,他以此为主题的许多著作近来都得以发表。不过他的这些著作没有一本是本人发表的,因为他所得出的结论与传统的三段论学说的某些观点产生了不可调和的矛盾。现在我们知道传统学说在这些方面的观点是错的,但出于对亚里士多德的敬重，莱布尼茨完全没有意识到有这一可能性。

现代数理逻辑的发展可追溯至布尔[1]的《思维规律的研究》，但在皮亚诺[2]和弗雷格之前，细数布尔及其后继者所取得的成就，除了某些细节外，唯一确实的成就便是发明了一套数学符号，这套数学符号可以通过比较新的方法与亚里士多德的旧方法所共有的前提推演出结论。这个主题作为数学的一个独立分支有一定重要性，但与真正的逻辑几乎毫无关系。自希腊时代以后，真正的逻辑的重大进步是由数学家皮亚诺和弗雷格各自单独推动的。他们皆通过数学分析得出逻辑结论。传统逻辑认为"苏格拉底会死"和"人都会死"这两个命题具有相同形式。皮亚诺和弗雷格却指出它们在形式上大相径庭。这种混淆（大多数作者至今还在犯的错误）不仅模糊了对判断和推理形式的全部研究，而且把事物与其性质

---

1 指乔治·布尔，英国数学家，1854年出版了《思维规律的研究》一书。
2 指朱塞佩·皮亚诺，意大利数学家、逻辑学家、语言学家。

的关系、具体存在与抽象概念的关系以及感官世界和柏拉图理念世界的关系搞得扑朔迷离。正是在这种混淆的事实中，逻辑在哲学上的重要性被凸显出来。出于技术上的原因，皮亚诺和弗雷格指出了这种错误，并且把他们的逻辑主要应用于技术发展，但说他们所取得的进步对哲学具有重要意义绝对是不为过的。

数理逻辑，即使是其最为现代的形式，除了开头部分，也没有直接体现哲学层面的重要性。在开头之后，与其说它是哲学，不如说它是数学。至于数理逻辑的开头部分，我将对其简略谈一下，因为这是唯一能被称为哲学逻辑的部分。尽管它后来的发展并非和哲学直接相关，却在哲学研究中起到很大间接作用。这些数理逻辑的发展使得我们能够对比纯粹言语推理所能列举之概念更抽象的概念进行轻松处理，这些发展给我们提供了在其他情况下很难想到的有效假设，这些发展还使我们能迅速看出构造一个逻辑体系或科学体系最少需要多少材料储备。而且不仅是弗雷格关于数的理论，全部数理概念的理论（我将在下面两章中对其进行概括说明），都是受数理逻辑启发而得出的，缺少数理逻辑，想得出以上理论简直是天方夜谭。

在上述两种情形以及许多其他情形中，我们采用的是某种"抽象原则"，这一原则也可称为"消除抽象的原则"。这一原则清除了大量的形而上学糟粕。它由数理逻辑直接引出，若没有数理逻辑的帮助，则无法得到证明并投入实际运用。我们将在第四章中解释这个原则，此处仅对其用途预先做一些简要说明。如果我们认为，一组对象之所以具有某种相似性，是因为它们具有某种共同性质，那么根据"抽象原则"可知：这些对象所具备的相似性，已经具备了假定其存在的共同性质的一切效用。因而，除非我们已经知道了某种共同性质，否则无须去假设出一种共同性质，因为完全可以用对象的组别与类型来替代共同性质。通过这种或其他什么方式，连在数理逻辑领域稍晚发展起来的那部分内容，都对哲学研究有极大的间接意义。不过，眼下我们该把注意力放在数理逻辑的哲学基础这一问题上。

除了所论及的对象，每个命题和推论中还有着某种形式，将命题或推论的成分组合在一起。如果我说："苏格拉底是凡人""琼斯是愤怒的""太阳是炽热的"。这三个例子有一个共同之处，即由"是"字表示某种东西。这种共同之处是命题的形式，而非命题的实际组成部分。再比如，如果我说了苏格拉底很多事实：他是雅典人，他娶了桑蒂普，他喝了毒药，等等。在以上所有我提出的命题中都有一个共同的成分——"苏格拉底"，但其存在的形式各异。另外，若选取其中一个命题，并每次都将此命题中的一个成分用其他成分替换掉，则该命题形式依然不变，而原来的成分却不复存在。例如，下面一系列命题，"苏格拉底喝了毒药""柯勒律治喝了毒药""苏格拉底吃了鸦片""柯勒律治吃了鸦片"。这一系列命题中，成分都发生了变化，但形式并未改变。因此，形式不是成分的一种，而是成分的组合方式。这样看来，形式才是逻辑哲学的真正对象。

显然，关于逻辑形式的知识与关于存在事物的知识截然不同。"苏格拉底喝了毒药"这句话的形式并非"苏格拉底"或"毒药"这类存在的事物，它与存在事物之间的联系甚至不如"喝"这个动作紧密。它完全是一种更抽象、更缥缈的东西。如果一句话又长又复杂，就很容易出现"我们可能认识句子中的每一个词，却读不懂整个句子的意思"的情况。在这种情况下，我们可能只了解句子的成分，却不了解句子的形式。我们也可能了解句子的形式，却对其成分一无所知。比如，我说"尤利乌斯喝了毒药"，那些根本不认识尤利乌斯的人（假设有这样的人），虽然不理解句子的成分，但能明白这个句子的形式。因此，要理解一个句子，不仅需要了解其中的成分，还应该掌握一些特殊的形式。这便是句子传达信息的方式，因为它告诉我们某些确定对象是靠某种确定形式联系起来的。尽管大多数人并不清楚，但是我们对交谈中话语的所有理解，都涉及某种逻辑形式的知识。逻辑哲学要做的，便是将这种知识抽丝剥茧，将其清晰纯粹地呈现在人们面前。

在所有推论中,只有形式最重要。推论的对象除了保证前提的真实性之外没什么用,这也是为什么逻辑形式如此关键。比如我说:"苏格拉底是人,人都有一死,因此,苏格拉底也会死。"在这句话中,前提和结论绝不依赖于我所说的"苏格拉底""人""终有一死"这些部分。这一推论的一般形式应该这样表达:"若一个事物具有某种属性,并且任何具备该属性的事物还具有另一种属性,那么该事物也同样具有这另一种属性。"此处不涉及任何特定事物或特定属性,因此这个命题具有绝对普遍性。那么,所有经过充分阐述的推论,都是具有普遍性的命题。若说推论前提的真实性依赖于推论的对象,那便是因为我们未能将这些前提抽丝剥茧,明确阐述出来。在逻辑学上,讨论某个情形特定的推论,等于浪费时间。因为自始至终,我们探讨的都是完全普遍的、纯粹形式上的蕴含关系,而这些假说何时能被证实、何时发现无法被证实,则是其他科学领域的研究范畴。

然而，构成推论的命题形式并不是最简单的形式。这样的形式总是具有假说性质，即如果一个命题为真，则另一个命题也为真。因此，在考察推论之前，逻辑必须考察那些较为简单的、作为推论前提的形式。而传统逻辑在这里毫无用处。传统逻辑认为简单命题（不陈述两个或两个以上命题之间关系的命题）只有一种形式：认为一个谓语必须对应一个主语。当我们把多种性质归于某一事物的时候，这种形式是恰当的。例如，我们可以说，"这个东西是圆形的，是红色的，或其他什么性质的"。语法学就偏爱这种形式，但在哲学上，这种形式并不普遍，甚至极为少见。如果我们说"这个东西比那个东西大"，并非单指"这个东西"有某种性质，而是指"这个东西"和"那个东西"之间的关系。我们会用"那个东西比这个东西小"来表达同样的事实，但从语法上看，句子的主语调换了。因此，从形式上看，阐述两者之间某种关系的命题有别于主谓式的命题，而传统形而上学存在诸多谬误的根源，就在于未能察觉或不愿承认这种区别。

认为一切命题都是主谓式的——或者说认为一切事实都寓于具有某种性质的事物之中的想法（或不自觉的信念），使得绝大多数哲学家一直以来都无法对科学和日常生活世界给出任何说明。即使他们真心而急切地想给出这类说明，或许也很快就会发现错误。但他们都不急于理解科学和日常生活的世界，而更热衷于把这两个世界判定为不实在的世界，从而构建一个超越我们感官感觉的"实在"世界。这种认为感官世界不实在的信念是来自某些心境下不可抗拒的力量，我觉得这些心境有某种纯粹生理学的渊源，极具说服力。大多数神秘主义和形而上学的思想都是由这些心境所产生的信念发展而来的。当这种心境带来的强烈情绪平静下来的时候，一个有推理习惯的人，会寻找符合逻辑的论据来支持他从自己身上发现的信念。不过，因为这种信念已然存在，所以他会心安理得地接受任何能自圆其说的理

第二章 逻辑：哲学的本质

由。那些表面上经过他逻辑验证的悖论，实际上源于神秘主义，而且如果这些悖论符合他自己的洞见，他还会觉得这些悖论是他的逻辑必须达到的目标。那些信奉神秘主义的大哲学家（最著名的是柏拉图、斯宾诺莎、黑格尔等人）就是这么研究逻辑的。不过由于他们想当然地认为神秘情感会产生这种洞见，所以他们的逻辑学说枯燥乏味，而他们的弟子则认为这些学说与他们的洞见毫无关系。然而，这些学说和他们理论的根源密不可分，而且对科学和常识的世界一直怀着"恶意"（这个词是桑塔亚纳[1]先生提出的，很有用，所以借用一下）。只有这样才能解释为什么这些哲学家虽然承认自己的学说与一切似乎已经得到充分证实且值得相信的日常和科学事实格格不入，却还依然扬扬得意。

神秘主义逻辑天然要指出任何带恶意的东西[2]所

---

1 指乔治·桑塔亚纳，西班牙著名自然主义哲学家、美学家、诗人、文学批评者，是美国美学的开创者。
2 指科学和常识世界中的事物。

固有的缺陷。当神秘心境占主导地位时，人们并不会觉得需要逻辑。一旦神秘心境消退后，理性逻辑便重占了上风，不过人们依然会想要保留这种正在消失的洞见，或者至少要证明它曾是洞见，其他看起来与之矛盾的东西都是幻觉。因此，这样的逻辑算不上公正坦率，而是起于某种憎恶之情，即针对它将被应用其中的日常世界的憎恶。采取这样的态度自然不会得到最佳结果。每个人都知道为了驳斥某位作者而粗略地去读他的作品，并非理解该作者的明智之举。同样，抱着万物都是幻觉的信念去拜读"自然"这部巨著，也不太可能真正理解自然。如果我们逻辑的目的是去发现日常世界是可以理解的，那便绝不能对其怀有敌意，而必须发自肺腑地接纳这个世界，而形而上学思想家通常不会这样做。

既然传统逻辑认为，一切命题都是主谓形式的，就不会承认命题中事物关系的实在性。因为传统逻辑认为，一切关系都必须能被还原为有明显联系的项的属性。驳斥这一观点的方法有很多，其中最简单的方法来自对"不对称关系"的考察。为了更好地解释这一点,我先来解释两种独立的关系分类的方法。

有这样一些关系,如适用于 A 和 B,则也适用于 B 和 A。例如,"兄弟或姐妹"的关系即属此类。如果 A 是 B 的兄弟或姐妹,则 B 也是 A 的兄弟或姐妹。任何事物间的相似性也符合这种关系:例如颜色的相似性。同样,任何事物间的差异性也符合这种关系。如果 A 的颜色与 B 不同,则 B 的颜色也与 A 不同。这类关系叫作对称关系。当一种关系既适用于 A 和 B,又适用于 B 和 A 时,那么它就是对称关系。

所有不是"对称关系"的关系都叫"非对称关系"。比方说,如果 A 是 B 的兄弟,B 有可能是 A 的姐妹。因此,"兄弟"[1] 是非对称关系。

如果一种关系适用于 A 和 B,却不适用于 B 和 A,这种关系则称为"不对称关系",因此丈夫、父

---

[1] 英文中兄弟、姐弟等含"弟"关系统一用"brother",在中文中则单独分为不同词语。

亲、祖父等关系都属于"不对称关系"。前后、大小、左右等关系，也属于"不对称关系"，所有能产生序列或比较的关系都属于"不对称关系"。

上述将关系分为对称关系、不对称关系、非对称关系的分类方法，是我们需要考察的两种方法中的第一种。第二种分类方法则将关系分为传递关系、不传递关系、非传递关系，其定义如下：

如果一种关系适用于 A 和 B，以及 B 和 C，且这种关系也适用于 A 和 C，那么我们就将其称为"传递关系"。因此，前后、大小、上下等关系都属于传递关系。当然传递关系不限于此，所有能产生序列的关系，都属于传递关系。刚才提到的那些传递关系都是不对称的，但也有许多传递关系是对称的。例如任何方面都相等的传递关系、颜色完全相同的传递关系、同等数量的传递关系（应用于集合时）等。

任何时候，只要一种关系不具传递性，我们就称其为"非传递关系"。例如，"兄弟"是非传递关系，因为某人兄弟的兄弟可能就是他本人。所有具有差异性的种类都属于非传递关系。

如果 A 对 B 具有某种关系，B 对 C 也具有相同的关系，而 A 对 C 却从没有这种关系，那我们就说这种关系是"不传递关系"。因此，"父（孩）子"是不传递关系，"高一英寸"或"一年后"也是不传递关系。

了解上述分类之后，我们现在回过头来看看是不是一切关系都可以还原为主谓关系。

放在对称关系（如果既适用于 A 和 B，也适用于 B 和 A 的那些关系）中来看，该学说似乎具有一定的道理。我们可以将具有传递性的对称关系（例如相等）理解为表示具有某种共同属性，而将不具备传递性的对称关系（例如不相等）理解为表示具有某种不同属性；但当我们碰到不对称关系时（例如前后、大小等），显然不可能将其还原为属性。举个例子，当我们只知道两个东西不相等，却不知哪个更大些时，我们可以说不相等是由于两者大小不同所致，因为不相等是一种对称关系。但是说因为其中一个东西大于（而非仅仅不等于）另一个东西，所以两者具有不同的大小，这样说从形式上看并不能解释这个事实。因为如果另一个东西大于这个东西，那它们的大小也是不同的，但要解释的事实，已经和上一种情况不同了。因此仅仅存在大小上的差别，并不能囊括事实的全部，否则，"这个大于那个"就和"那个大于这个"没有任何区别了。所以我们必须要说，这个的大小"大于"那个的大小，因此我们无法摆脱"大于"这层关系。简而言之，具有相同属性和具有不同属性都是对称关系，因此不能用来解释不对称关系。

不对称关系寓于一切序列之中，如空间和时间、大于和小于、全体和部分等众多现实世界至关重要的特征中，都蕴含不对称关系。因此，把一切全都精简为主词和谓词的逻辑，只是将这些方面统统斥为谬误的单纯的表象。除非带着恶意进行逻辑推理，否则这样一种全盘否定的做法会令人感觉匪夷所思。事实上，我认为，除非怀带偏见，否则没有任何理由

第二章 逻辑：哲学的本质

去否认关系的实在性。而一旦承认了关系具有实在性，那将感官世界视为虚妄的一切逻辑就成了无源之水。开门见山地说，只有缺乏论证支持的神秘洞见才会设想感官世界是虚妄的。因为只要这种自诩为洞见的东西不通过论证为自己辩护，那么我们就无法通过论证去反驳它。因此，作为逻辑学家，我们可以承认神秘主义者的世界有存在的可能性，但如果我们并不具备他们那种洞见，就必须继续研究我们熟悉的日常世界。不过，如果神秘主义者宣称我们对世界的认识荒谬不已，那么我们的逻辑将严阵以待，予以还击。而想要创建完成这一任务的逻辑，第一步便是要承认关系的实在性。

具有两个项的关系，仅是众多关系中的一种。关系也可能包含三个、四个或任意数量的项。只是具有两个项的关系最为简单，相对于其他关系而言也更受关注。而且一般来说，哲学家们（不论他们是否承认关系的实在性）也只考察这种关系。当然，其他关系也有其自身的价值，在解决某些问题上也是不可或缺的方法。比方说，嫉妒是三人之间的关系。罗伊斯[1]教授提到了"给"这种关系——A 把 B 给 C 便是具有三个项的关系。当一个人对他妻子说："亲爱的，我希望你能劝劝安吉丽，让她接受埃德温。"这时候，他希望构建一个四人（他、妻子、安吉丽、埃德温）之间的关系。这类关系毫不晦涩和罕见。但如果想解释清楚这种关系和具有两个项的关系之间有何区别，我们就必须着手将事实的逻辑形式进行分类。而这不仅是逻辑的首要任务，也是传统逻辑最欠缺的地方。

现存世界由许多性质和关系各异的事物构成。想要将现存世界描述得面面俱到，不仅要将这些事物一一列出，而且要提到这些事物的所有性质和关系。我们不仅要知道这个东西、那个东西，以及其他的东西是什么，还要知道它们哪个是红的，哪个是黄的，哪个早于哪个，哪个介于其他两者之间，等等。

---

[1] 美国哲学家，著有《哲学的宗教方面》《近代哲学的精神》《世界与个人》等书。

我讲到某个"事实"时，不是单纯指世界上某个简单的事物，而是指该事物具有的某种性质或某些事物具有的某种关系。这就好比我不会把"拿破仑"称作事实，而会把"拿破仑很有野心""拿破仑娶了约瑟芬"称作事实。在这个意义上，事实的构成绝不是单一一个成分，而是往往包含两个或更多的成分。当事实仅仅指一个事物具备的某种性质时，那它只包含两个成分，即这个事物和这种性质。当一个事实由两个事物之间的关系组成时，那它就包含了三个成分，即这两个事物和这种关系。当一个事实由三个事物之间的关系组成时，那它就包含四个成分，以此类推。从这个角度来看，构成事实的成分并非其他事实，而是事物、性质或关系。当我们说有超过两个项的关系时，我们的意思是有一些单独的事实是由一个单独的关系和两个以上的事物构成的。在这里，我并不是在说两个项之间存在一种既适用于 A 和 B，又适用于 A 和 C 的关系。比方说，一个人既是他父亲的儿子，也是他母亲的儿子，这构成了两个不同的事实。如果我们选择将其看作一个事实，那它就是一个由多个事实构成的事实。但这里我所说的"事实"并非由事实的成分构成，而只是由事物和关系构成。例如，A 因为 C 而嫉妒 B。这里只有一个涉及三个人的事实。这里的嫉妒只有一种，而非两种。我所说的含有三个项的关系是针对以下情形而言的：可能出现的最简单的事实是，除了这种关系之外还包含三个事物的那种事实。这一定义也适用于具有四个、五个或更多项的关系。在我们为事实的逻辑形式列出的清单上，必须承认所有类型的关系：两个包含相同数量事物的事实具有相同的形式，两个包含不同数量事物的事实具有不同的形式。

不论什么事实，都存在一个表达该事实的断言。事实本身是客观的，独立于我们对它的想法或观点，但断言则或真或假，和我们的想法密不可分。断言可以是肯定的，也可以是否定的，我们可以断言查理一世是被处死的，或断言他没有死在床上。否定的断言可以说是一种否认。假设一种语言的形式只有真假两种可能,比方说"查理一世(没有)死在他的床上",我们对这种语言形式要么持肯定态度,要么持否定态度。或是在一种情形中持肯定的断言,在另一种情形中持否定的断言。我将这种只有真假两种可能的语言形式称为"命题"。因此,命题就是可以有意义地加以肯定或否定的东西。一个命题如果表达了我们所说的一个事实,即在我们肯定它的时候,也就是断言某个事物具有某种形式或某些事物具有某种关系的时候,这个命题就可以称为"原子命题",因为我们可以立刻看到还有其他一些命题,原子命题包含其中,就像原子包含于分子中。尽管原子命题同事实一样,可以有无数种形式,但它们自身不过是一种形式的命题。其他形式的命题都更复杂。为了保持事实和命题在语言上对应,我们将上面所考察的事实称为"原子事实",即决定原子命题应被肯定或否定的事实。

对于"这是红的",或"这个先于那个"这类原子命题,我们只能凭经验来对其肯定或否定。也许有时候一个原子事实能够推出另一个原子事实。尽管这种可能性看起来不大,但不论如何,基于不包含原子事实的前提是无法推出原子事实的。由此可见,如果想要全面、彻底地了解原子事实,那么至少需要有些原子事实不是依靠推理了解的。以这种形式了解的原子事实,便是感官知觉的事实,无论如何,感官知觉的事实都是我们通过这种方法得知的最明显的事实。假如我们了解所有的原子事实,而且知道除我们所知的之外再无其他原子事实,那么从理论上说,我们应该能将任何形式的一切真理都推导出来。如此看来,逻辑就能提供我们所需的一切工具。但是,在我们最初获得关于原子事实知识的过程中,逻辑毫无用处。在纯逻辑中,我们不会谈及原子事实,我们的讨论范围仅限于形式,而不去问有什么对象能够填入这些形式。因此,纯逻辑独立于原子事实。反之,在某种意义上说,原子事实也是独立于逻辑的。纯逻辑和原子事实处于两个极端:前者先于经验,后者仅凭经验。但在这两极之间,还存在一片广阔的中间地带，我们有必要在其中进行一番粗略的探索。

"分子命题"是指包含如果、或、和、除非等连接词的命题，这些连接词是分子命题的标志。请思考一个断言："如果下雨，我就会带伞。"这个断言虽然像原子命题的断言一样可真可假，但很明显，无论是与命题对应的事实，还是命题与事实相对应的性质，都与原子命题的情况大不相同。"天会不会下雨"和"我带不带伞"两者各自都是原子事实，都是可以借由观察而确定的。然而，"如果一件事发生，则另一件事也将发生"这句话中所包含的两者之间的联系，却与这两者都截然不同。我们不必用"天果然下雨了"或"我确实带了伞"来判定这一联系的真实性。哪怕眼下万里无云，但天气之前变坏过，所以我带着伞，那这一联系依然是真的。因此，我们谈论的是两个命题之间的联系，这种联系并非取决于这两个命题得到肯定或否定，而只取决于第二个命题能否由第一个命题推出。因此，这样的命题从形式上来看与原子命题是截然不同的。

对于逻辑而言，此类命题至关重要，因为它们是一切推理的依据。如果我跟你说过，天要是下雨我就带伞，那么当你看见外面大雨瓢泼的时候，你就可以推出我会带伞。只有当命题以这种方式联系在一起时，才能由一个命题的真假推出另一个命题的真假，这时候才存在推论。有时候，我们虽然不知道作为命题组成部分的原子命题的真假，却可以像上述雨伞的例子那样得知分子命题。推论的实际功用就来源于这一事实。

我们要考察的另一种命题叫"全称命题"，如"所有人都是会死的""所有等边三角形都是等角的"。另外，全称命题还包括含有"有些"一词的命题，例如"有些人是哲学家""有些哲学家并不聪明"。这些命题是对全称命题的否定，在上面的例子中也就是分别否定了"所有人都不是哲学家""所有哲学家都聪明"这两个命题。我们可以把包含"有些"一词的命题称为"否定的全称命题"，把包含"所有"一

第二章 逻辑：哲学的本质

词的命题称为"肯定的全称命题"。我们会发现这些命题乍看上去和逻辑学教科书上的命题很像，但是逻辑学教科书并不了解它们的特殊性和复杂性，对由它们所引起的问题，也只是以最粗浅的方式一带而过。

我们讨论原子事实时已经发现，倘若我们已经知晓一切原子事实，并且除我们所知的原子事实之外别无其他原子事实，那么从理论上说，我们应该可以借助逻辑推导出一切真理。关于别无其他原子事实的知识是肯定的普遍知识，从这种知识可以得出"一切原子事实都为我所知"或至少能得出"一切原子事实都在该集合中"（不论这个集合是怎样产生的）。显而易见，像"所有人都是会死的"这种全称命题，不可能只通过原子事实推出。假设我们了解我们所知的每一个人，并且知道他是会死的，这一点也不能使我们得出所有人都是会死的结论，除非我们已知我们所知道的这些人就是所有存在的人，而这是一个全称命题。假设我们已知全宇宙中每个存在的实体，并且知道他们都不是不死的人，这一点依然不能使我们得出"所有人都会死"的结论，除非我们知道自己已经探索了全宇宙，也就是说，除非我们知道"一切事物都属于我所考察过的该事物的集合"否则不能得出结论。因此，普遍真理不可能仅由特殊真理推导而出。继而，如果普遍真理是可知的，那么它们必须要么是自明的，要么是从其中至少有一个是普遍真理这一前提中推导出来的。然而，一切经验的证据都属于特殊真理，所以如果真的存在关于普遍真理的知识，那这些知识必定独立于经验证据，换句话说，即不依赖于感觉材料。

上述结论（归纳原则是其中的一例）至关重要，因为它驳斥了旧经验论者的观点。他们认为一切知识都源于感官并依赖于感官。我们都知道，如果坚持这种观点，就必须否认我们知晓任何全称命题。从逻辑上看，这种情形完全是可能的，但实际上并非如此，而且确实没有人会想要坚持这种观点，除非他是一个爱走极端的理论家。因此我们必须承认存在不是来自感官的普遍知识,这些知识中有一些并非靠推论得出的,而是一种基本知识。

这样的普遍知识可以在逻辑中找到。我不知道是否存在一种不是源于逻辑的普遍知识,但不管怎样,这种知识在逻辑中是存在的。还记得我们曾把像"苏格拉底是人,所有人都会死,所以苏格拉底也会死"这类命题被排除在纯逻辑之外,因为"苏格拉底""人""会死"都是源于经验的词,只有通过特殊经验才能了解。在纯逻辑中与之对应的命题是:"如果任一事物具有某个属性,同时凡是具有该属性的事物也具有某个别的属性,那么所说的这个事物就具有这个别的属性。"这个命题绝对是普遍的,它适用于一切事物和一切属性,当然,这个命题也是自明的。因此在这一类纯逻辑的命题中包含着我们曾经寻求的那种自明的一般命题。

像"如果苏格拉底是人,同时所有人都是会死的,那么苏格拉底也是会死的"这样的命题之所以为真,完全归功于它的形式。在这个假设的形式中,该命题的真理性，既不取决于苏格拉底是否真的是人，也不取决于所有人是否都会死。因此，当我们用其他的词代替"苏格拉底""人""会死"的时候，这个假设的形式同样为真。这个例子中体现的普遍真理是纯形式的，属于逻辑范畴。因为它没有提及任何特殊的事物，甚至没有提及任何特殊的性质或关系，所以它完全独立于实在世界中的偶然事实，而且，从理论上说，我们不必对特殊事物或其性质及关系有任何经验，便可以认识到这一普遍真理。

可以这么说：逻辑由两部分组成。第一部分研究什么是命题，以及命题可能具有什么形式，并列举出不同的原子命题、分子命题、全称命题等。第二部分包含某些最普遍的命题，这些命题肯定了具有某些形式的所有命题都为真。这部分被归入了纯数学领域。纯数学的命题经过分析皆转变成这类具有普遍形式的真理。仅仅列举形式的第一部分则更为难懂，但同时从哲学家的角度看更重要。许多哲学问题能获得真正的科学讨论，相比起寻找其他因素，更应

第二章　逻辑：哲学的本质

归功于逻辑第一部分近年来的发展。

可以将判断或信念的性质问题作为一个例子，来说明解决这类问题取决于我们对逻辑形式的分类是否完备。我们已经看到，假定主谓关系具有普遍性这一命题使得对序列顺序进行正确分析变成天方夜谭，时间和空间也因此变得不可理解。但在这种情况下，我们只需要承认两个项的关系而已。就判断来说，却需要承认存在更为复杂的形式。如果一切判断都为真，那我们会说判断就是对事实的理解，而这种理解是人心与事实之间的一种关系。由于逻辑分类清单并不完备，使得人们往往对上面这种观点深信不疑。但是，就谬误来说，这种观点就会使人陷入无法解决的困难之中。假设我认为查理一世死在他的床上，但不存在"查理一世死在他的床上"这样的客观事实和我的理解发生关系。那么，虽然"查理一世""死"和"他的床"都是客观的，但事实上除了在我的思想之中，这三者并没有像我错误的信念那样结合起来。因此，我们在分析一种信念时，必须另辟蹊径，寻求某种不同于两项之间关系的逻辑形式。在我看来，正因为没有意识到这一必要性，所以迄今为止，几乎所有关于认识论的论著都如同空中楼阁，致使谬误问题无法解决，也致使信念和直觉的差别成了难以理解的东西。

就像我期望的那样，现代逻辑显然能够扩大我们进行抽象想象的范围，并为我们提供无数可能的假说，让任何复杂的事实都能用这些假说进行分析。在这方面，它与古典传统所践行的逻辑恰恰相反。在传统逻辑中，那些乍看似乎可能的假说，都被公然判定为不可能，并且事先规定实在必须具有某种特质。与此相反，在现代逻辑中，虽然乍看之下似乎可能的假说得到了承认，但只有通过逻辑检验才能提出其他假说，进而丰富我们的认识储备。而且我们经常能够见到，如果要正确分析事实，这些假说必不可少。旧逻辑给思想戴上镣铐，而新逻辑则为思想插上翅膀。依我看，这种新逻辑给哲学带来的进步不亚于伽利略给物理学带来的进步，使我们最终得以知晓：哪些问题我们能解决,哪些问题非人力所能为,只能放弃。对于能解决的问题,新逻辑为我们提供了一种方法,使得出的结果不仅因人而异,同时又能得到一切足具判断能力的人的首肯。

第三章

我们关于外部世界的知识

第三章 我们关于外部世界的知识

探讨哲学的途径很多,其中最为古老,同时也是最多人选择的一条是质疑感官世界的实在性。我们可以看到,印度神秘主义、自巴门尼德以来的希腊和近代一元论哲学、贝克莱哲学,以及现代物理学,都曾批判过可以感知的现象,而它们持反对态度的原因则五花八门。神秘主义者对可感现象的斥责源于其对幕后那个更为实在、更为有意义的世界的直接知识的把握;巴门尼德和柏拉图斥责可感现象是认为这种现象所具有的持续流变性与根据逻辑分析所揭示出的抽象物的不变本质相冲突;贝克莱用了几种武器来攻击可感现象,但他主要的攻击对象是感觉材料的主观性,以及这些材料对观察者身体结构和视角的依赖性;而现代物理学则以可感证据本身为基础,认为电子的运动在表面上看与视觉或触觉的直接对象大不相同。

以上这些批判所提出的问题都很重大且耐人寻味。

神秘主义者若只讲积极的启示,我们无从反驳。但当他否认感官对象的实在性时,我们就可以质问他所谓的"实在"是什么意思,他是如何从假设的超感官世界的实在性中推出感官对象的非实在性。在回答这些问题时,神秘主义者会被带入一种逻辑,这种逻辑又同巴门尼德、柏拉图和唯心主义传统的逻辑相杂糅。

在第一章中,我们曾讨论过布拉德莱的例子,由此可以看出唯心主义传统的逻辑已经逐渐变得艰深复杂、晦涩难懂。如果对这种逻辑进行全面讨论,我们就没时间对所讲主题的其他方面进行讲解了。因此,我们虽然承认这种逻辑值得大篇幅的讨论,但在这里只能对其主要学说做一些必要批判,并以此为例来讨论其他话题。我们将把重点放在诸如它对运动连续性和时空无限性的诘难之上。现代数学家们已对这些问题做了充分的回答，他们的回答，为逻辑分析方法在哲学领域的运用赢得了长久的胜利。

贝克莱的批判在感官、神经、大脑生理学的支撑之下显得十分有力。我们必须承认感官的对象是否存在确实取决于我们的生理状况。比如我们看见一块有色表面，一旦闭上眼睛，这块有色表面便不复存在了。但若是由此推出这些感官对象的存在依赖于心灵，而且在我们看到它们的时候也并不真实，或者说它们不是我们关于外部世界知识的唯一基础，这就错了。我将在这一章中对此展开详细讨论。

我们将看到物理世界与感官世界之间的差异更多是流于表面的（这一点我们会在第四章中考察），而非真实存在的。我们也会看到凡是在物理学上有理由相信的东西，都能通过感官得到相应的解释。

我们始终都是以现代逻辑作为发现新事物的工具，这种逻辑与教科书里的传统逻辑和唯心主义的逻辑截然不同。在第二章中我们已经简要说明了现代逻辑与其他传统逻辑的不同之处。

在最后一章中，基于前文讨论的因果律和自由意志，我们将尝试对科学哲学的逻辑分析法加以概括说明，并尝试评价这种让我们对哲学进步燃起的希望。

在本章中，我想采取逻辑分析法来探讨一个最古老的哲学问题——我们关于外部世界的知识。就此问题而言，我并不是要给出一种武断专横的回答，我要做的是分析和陈述所涉及的问题，并指出证据所在。虽然这不是万无一失的解决办法，但在我看来，眼下的探讨从全新的角度阐明了这一问题，不论是对于寻找答案，还是对于判断问题中哪些部分可以得出确定答案这一先行问题，都不可或缺。

我们都是从"材料"出发来研究一切哲学问题的。我所说的"材料"是指那些属于普遍知识的东西，它们和普遍知识一样扑朔迷离、错综复杂且经不起推敲，然而不知怎么却能取信于人。从整体和某种解释上来看，我们总认为它们千真万确。就现在所讨论的问题而言，我们所涉及的普遍知识多种

第三章　我们关于外部世界的知识

多样。首先,通过直接认识和当下的体验,我们认识到了日常生活中一些特定对象,例如家具、房屋、市区、他人……其次,通过历史、地理和新闻等,这些特殊的知识向外延伸,让我们认识到了一些从未亲身经验的特殊事物。最后,由于自然科学预言未来的惊人能力令众人心服首肯,人们借助自然科学,将关于特殊事物的知识系统化。虽然我们乐于承认这种知识并非毫无纰漏,但是我们相信,通过曾带给我们信念的那些方法,我们能够发现和校正这些纰漏,而不会像那些鼓吹实用性的人那样,假定整座知识大厦能够搭建于并不稳固的基础之上。因此,大体而言,只要不对任何特殊部分持绝对独断的态度,我们就能认为大部分普遍知识都能成为哲学分析的材料。

我们这样做一开始必然会遭到反对。人们可能会说:哲学家的任务是要质疑日常生活中那些公认容易犯错的信念,并代之以更可靠、更不可辩驳的东西。一方面,这种说法没错,而且从某种程度上说,该任务能在分析过程中得以实现。但另一方面，尤为重要的是，想要做到这一点几乎不可能。若想要使哲学研究成立，在承认可以对一切普遍知识都抱有怀疑态度的同时，我们必须对这种知识的主体部分加以接受。哲学家所能获得的一切细致入微的知识，都无法给我们一个立足点去批判日常生活的全部知识。我们最多只能通过内省来考察和精炼我们的普遍知识，采纳那些获取普遍知识的准则，并以一种更审慎、更严谨的态度将其加以运用。但是我们还不能说哲学所达到的确定性足以抛弃经验事实和科学规律。因此，哲学的探究虽然从细节上看秉持了怀疑论，但从整体而言并非如此。也就是说，哲学对细节的批判仅能基于众细节之间的关系，而非基于某些同样适用于所有细节的外在准则。而且，我们不是出于绝对的自信才避免全面批判，事实上恰恰相反：并不是普遍知识必然无误，而是我们无从获得与普遍知识截然不同的知识。普遍的怀疑论虽然在逻辑上无法被驳斥，但在现实中却百无一用。所以，普遍怀疑论只能给我们的信念增添一种犹豫不决的感觉,而不能用以获得另一种能取而代之的信念。

想要批判某种材料,只能借用其他材料,而不能采用外在标准。但是在上文所列举的各种普遍知识中,我们还是能分辨出不同等级的确定性。我们个人能感觉得到的东西对我们来说无疑是最为确定的。一般来说,"感官证据"是最不容置疑的。而那些依靠得自书本(如历史、地理)的事实为证据的东西,按照证据的性质和范围的不同,其确定性千差万别。就像如果有人质疑拿破仑的存在,那肯定会沦为笑谈。但论及阿伽门农是不是一个真实的历史人物,却有待商榷。在科学领域,我们发现除了最高程度的确定性外,还有其他不同程度的确定性。比方说,引力定律迄今已得到了和拿破仑存在一样的确定性,已经近似真理;反之,最近那些关于物质结构的推断,获得支持的概率还很低。所以,属于不同材料的各种程度的确定性,本身就可以视作这些材料的组成部分。与其他材料一样,它们都寓于一团模糊不清的知识体系之中,而哲学家的任务,就是对这一知识体系加以分析。

我们开始分析普遍知识时,首先会发现这类知识有些是派生的,有些是原始的。也就是说,某些知识为我们所相信,是因为它们即使不能说是从严格的逻辑意义上推导出来的,也是从某种别的知识那里推导出来的。而另一部分知识为我们所相信,则完全出于其自身,无须任何外部证据支持。显然,感觉提供了后一种知识,即通过视觉、触觉、听觉所感知的直接事实是无须论证的,是完全自明的。然而,心理学家让我们意识到:真正通过感觉得到的东西比大多数人预想中的要少得多,乍看之下似乎是从感觉得来的东西,其实是推导出来的。这对我们的空间知觉尤为适用。例如,对于一个可见的对象,我们会本能地根据该对象同自己的距离和自己的视觉,从这个对象看起来的大小和形状,推出其"实际的"大小和形状。再比如,我们在听一个人说话时,我们的实际感觉常常会漏掉他所说的很多东西,而代之以无意识的推理。在听外语的时候，这个过程变得更加艰难，我们会发现自己成了聋子。举个例子，我们看外国戏剧，就需要坐到更加靠近剧场舞台的位置，而在本国我们通常不用坐得那么近。因此，分析材料的第一步——确定在感觉中得到的究竟为何物——这一点困难重重。然而，我们不打算在这一点上太过纠结，只要我们承认了它的存在，那么针对我们探讨的主要问题所得出的结果并不会因之产生太大的差异。

我们分析的下一步，就必然要考察普遍知识中派生的那部分是如何产生的。而在这里，我们将陷入逻辑学与心理学之间令人困惑的纠葛之中。从心理学角度看，一个信念无论是由一个或多个其他信念所引起的，还是通过某种感官得出的事实（不单单是由信念所断定的东西）所引起的，都可以称为"派生信念"。从这个意义上讲，派生信念源源不断地产生而不需要借助任何推理过程，仅需借助观念的集合或某种同样超乎逻辑的信念产生过程。就像我们可以从一个人的面部表情判断他的情绪：我们说，我们看见他在生气，而其实我们只看到他皱着眉头，也就是说我们并没有通过任何逻辑推理的过程来判断他的心理状态。我们做出判断，却常常说不出自己实际看到了情感的哪个物理标志。所以在这种情况下，知识由心理学层面派生而出，但从逻辑学角度来看，从某种程度上来说它又是原始的，因为它不是由逻辑推理所得出的。我们也许可以、也许不能通过逻辑推理得出同一结果，但无论能不能，我们肯定没有用过这种推理。如果我们把一个实际上不是通过逻辑推理得出的信念叫作"从逻辑上看是原始的信念"，那么将会有无数从心理学角度看是派生的，从逻辑学看却是原始的信念。而把这两类原始性加以区分对于我们现在的讨论至关重要。

我们一旦对在逻辑学上而非在心理学上是原始的那些信念加以推敲，便会发现除非能借助逻辑推理，从在心理学上也是原始的信念出发把上述信念推导出来，否则我们越是对它们加以思考，就会越来越不相信它们是真的。例如，我们很自然地会相信桌、椅、山、树在我们转身不看它们时依然在那儿。我不想主张现实恰恰相反，但是我的确认为情形是否如此这一问题不能单靠一句基于假设的"显然如此"马上得到解决。除了少数哲学家以外，在所有人看来，桌、椅、山、树继续存在的这种信念都是逻辑学上原始的信念，而非心理学上原始的信念。从心理学角度看，我们只有曾经看到过那些桌、椅、山、树，才会产生这种信念。但因为我们曾经看到过它们，是否就有权设想它们依然在那儿？这个问题一旦被严肃地放在台面上讨论，我们就会觉得必须提出某种论证，如果不这么做，我们的信念就无异于一种虔诚的意见。我们并不会觉得需要对感官的直接对象加以论证：它们就在那儿，就其瞬间的存在而言是不需要任何进一步论证的。由此可见，心理学上派生的信念比逻辑学上原始的信念更需要被证明。

由此，我们就要对两种材料（我们将其称为"硬"材料和"软"材料）略加区别。这种区别仅限于程度上，而且不是强加不可。但是，哪怕这种区别无须过于严肃对待，依然能帮助我们把情况弄清楚。我这里所说的"硬"材料，指的是那些不受批判反思削弱影响的材料；而"软"材料，则是指那些经过批判反思的过程，在我们内心对之或多或少产生疑虑的材料。硬材料中最"硬"的有两种，即特殊的感官事实和逻辑的普遍真理。我们越是对它们反复推敲，就越了解它们究竟为何物，以及我们对它们的怀疑究竟出于何意，而它们本身则变得越发明确无疑。对这些材料我们可以在词句上质疑，但词句上的质疑仅发生在一种情况下，即那些名义上被质疑的东西，我们在思想中对其并不怀疑，仅仅是这些被质疑的词句出现在了我们脑海中。我认为若对这两种材料产生真正的怀疑，那这种怀疑便是病态的。因为无论如何，我都觉得它们是毋庸置疑的，我想你们都会同意我这个观点。若没有这种假设，我们将会陷入普遍怀疑主义。我们已看到，这种怀疑是难以反驳且无所裨益的。如果我们要继续研究哲学，就必须对怀疑论的假设敬而远之。虽然我们承认怀疑论哲学的确简洁、精练，但还必须对其他假设做进一步的考察，这些假设虽然可能并不可靠，但至少应该像怀疑论者的假设一样，得到我们的重视。

若将我们对"硬"材料和"软"材料所做的区别应用于从心理学角度看是派生、从逻辑学角度看是原始的信念之上，就会发现它们大都属于软材料。经过反思，我们会发现它们可以凭逻辑来证明，于是它们便又成为可以相信的东西，而不再是材料了。作为材料虽然也能得到一定程度上的关注，但毕竟不能同感官事实或逻辑规律相提并论。在我看来，它们值得关注之处就是使我们在信心不足的情况下有正当理由期望硬材料能够证明它们至少是有可能的。而且就算我们发现硬材料，也无法说明它们是真是假，我认为也应当倾向于假设它们为真。不过，此刻我们仅限于谈论硬材料，以期发现仅借助这些材料能构造出一个什么样的世界。

我们的材料现在主要是感官事实（我们自己的

感觉材料）和逻辑规律。但即使是最严格的考察也会容许在这个小小的库存中稍微加上些东西。比如某些记忆层面上的事实，尤其是近期的记忆事实，似乎具有最高程度的确实性。某些内省的事实也像感官事实一样确定无疑。就我们当前目的来说，对于感官事实本身的解释，必须留有一定的余地。有时必须把时空关系也包括在内，例如完全是当下一瞬间发生的高速运动。还有某些经过比较得出的事实，例如两种颜色是否相似，毫无疑问都属于硬材料。另外，我们也必须记住硬材料和软材料的区别是心理学层面上的，是主观的，因此，如果我们的心灵之外还存在他人的心灵（对这一点目前必须存疑），那么对他人来说，可能存在与我们不同的硬材料目录。

某些普遍的信念无疑是被排除在硬材料之外的。那种引领我们辨别一般可感对象且在我们没有感知到它们时依然存在的信念便属此类。他人内心的信念也属此类，这种信念显然是基于我们对他人身体的知觉推导出来的,而且一旦我们意识到它是推导出来的,就需要逻辑证明。对于他人证言的信念(包括我们从书上学来的一切)自然涉及他人是否真的具有心灵这一疑问。因此,在我们开始重构世界之前,世界是支离破碎的。对于这个世界我们能说的最多不过是,它比笛卡尔凭借类似过程所构造的世界略广,因为笛卡尔的世界只包含他自己和他的思想。

现在,我们就可以理解并陈述有关我们对外部世界知识的问题,并去掉那些曾把这个问题弄得模糊不清的种种误解了。这个问题就是:基于我们自己的硬材料能否推导出其他不同的东西?但在考察此问题前,我们先简要考察一下哪些方面不在这个问题的讨论范围。

当我们在讨论中谈到"外部"世界时,我们绝不是指"空间上外在的"世界,除非我们用一种既特殊又晦涩的方式来解释"空间"。就这个词的自然意义而言,视觉的直接对象以及装饰这个可见世界的有色表面在空间上都是外在的。我们感觉它们"在那里"而不"在这里"时,不需要假设有一种不同于硬材料的存在,我们能够或多或少估计出这个有色表面的距离。实际上只要不是太远,我们多多少少是能通过视觉来估算出该距离的。但不论情形是否如此,普通距离肯定只能借助于感觉材料来进行估计。这种直接认识的世界是空间意义上的世界,无法全部包含在我们的身体之内。因此,我们对于该意义上的外在之物的知识是毋庸置疑的。

而这个问题常常以另一种形式提出,即"我们能否知道存在任何独立于我们自我的实在?""独立"和"自我"两个词使得这一提问形式含混不清。首先来看"自我",要解决哪一部分可算作"自我",哪一部分不能算作"自我"这一问题困难重重。在"自我"所指的许多其他东西中,我们可以选择两个特别重要的:(1)能产生思维并意识到客体的单纯主体;(2)一旦我们的生命终结就必然不复存在的事物之总和。单纯主体(如果存在)是一个推论,而不是材料的一部分。因此,在我们目前的研究中可以把"自我"的第一种意义撇开不谈。但"自我"的第二种意义很难解释得滴水不漏,因为我们几乎不知道有什么东西是依赖于我们生命而存在的。从这个形式上说,"自我"的定义引进了"依赖"一词,该词和"独立"一词一样引起了一些问题。因此,我们先谈一下"独立",然后再谈"自我"。

当我们说一事物独立于另一事物时,可以是指从逻辑上看,该事物的存在可能与另一事物毫无关系,也可以指一事物只能作为另一事物的结果而出现的那种因果关系是不存在的。据我所知,一事物能够在逻辑上依赖于另一事物的唯一情况就是另一事物是该事物的一部分。例如,从逻辑上看,一本书的存在依赖于它的书页,没有书页就没有书。因此,从这个意义上说,"我们能否知道有任何独立于我们自身的实在存在?"这个问题可以归纳为"我们能否知道有任何我们自身并非其中一部分的实在存在?"。从这个形式出发,我们再回到给"自我"

下定义的问题上。然而，我认为无论怎么定义"自我"，即使把它作为单一主体，也不能假设它是感官的直接对象中的一部分。所以基于问题的这一形式，我们必须承认我们能知道有独立于我们自身的实在存在。

因果依存性面临的问题比上面还要难得多。要想知道一类事物在因果上独立于另一类事物，我们就必须知道它实际是在没有另一类事物的情形下发生的。很显然，无论我们赋予"自我"什么样的合法意义，我们的思想和感觉都在因果上依赖于我们自己，也就是说，当它们不属于"自我"时，它们就不会出现。但是就感官对象而言，这种现象就不怎么明显了。如我们所见，常识的观点的确认为这些对象在没有任何感知者在场的情况下仍继续存在。若情况属实，那么这些对象就是在因果上独立于我们自身的；若情况相反，那它们就不是在因果上独立于我们自身的。因此，从这个形式上，问题就可以归结为：我们能否知道感官对象或任何其他不是我们思想和感觉的对象在我们没有感知到它们时也存在？此时，通过我们刚才提出问题的这种形式，"独立"这个困难的词已经不复存在。

以上述形式出现的问题，又带出了两个不同的疑问，把这两个疑问分开来看至关重要。第一个疑问是：我们能否知道感官对象或与之极其类似的对象在我们没有感知到它们时也依然存在？第二个疑问是：如果前一个问题的答案无从知晓，那么我们能否知道由感官对象推导而出但又不必与之相似的其他对象，无论在我们感知到感官对象时，还是在其他任何时候都存在？后者在哲学上属于"物自体"问题，在科学上是作为物理学假定存在的物质的问题而提出的。我们首先考察一下这个问题。

我们总觉得自己是被动地产生感觉，这一事实使我们自然地设想感觉的产生有外在的原因。这里要先把感觉和可感对象区别开来：（1）感觉是一种心理活动，是我们对可感对象的知觉；（2）可感对象是我们在感觉中感知到的那种对象。当我们谈到可感对象时，必须明白我所说的不是指桌子这类东西，这类东西是可见可触的，可被许多人同时看到，是永恒不变的。我指的是当我们注视桌子时瞬间看到的那一小块颜色，或者当我们按压它时感受到的特有的硬度，或者当我们敲它时所听到的特定声音。我把它们每一个都称为一个可感对象，而把对它们的知觉叫作感觉。我们的被动感如果真的提供了什么论证的话，也仅仅表明感觉有一外在的原因，我们自会在可感对象中对其深挖。因此，到目前为止，并没有任何充分的理由说明可感对象必由外在原因而起。但是哲学上的物自体和物理学上的物质，却是作为可感对象以及感觉的外在原因出现的。这个共同见解的依据又是什么？

无论是在哲学上还是在物理学上，我认为这种见解来自以下两者的结合：一是那些能独立于我们的意识而持续存在的东西使它们自身在我们的感觉中被认识的这一信念；二是我们的感觉经常以一种依赖于我们自身的方式，而非依赖于被认为独立于我们而存在的任何东西的方式而发生变化的事实。首先,我们不假思索地相信一切事物都如其表面看起来的那样,如果我们闭上眼睛,虽然不再看到那些已经看到过的对象,但它们依然是原来的样子。但是有些一般情况下认为难以被反驳的论证反对这些观点。要明白这些论证想证明什么难如登天,但是我们若要在研究外部世界的问题上做出任何突破性进展,就必须下决心去研讨这些论证。

一张桌子,从一个位置看和从另一个位置看所呈现的样子不同。这种说法属于常识,但此说法已经假定了有一张实在的桌子,因此,我们能看到其表象。当我们试着只用可感对象而不用其他任何假设来陈述所知之物,会发现当我们绕着桌子走的时候,能感知到一系列变化着的可感对象。但当我们在说"绕着桌子走"的时候,仍然保留着有一张与所有现象相联系的桌子的这个假设。我们应该这么说:一方面,我们具有觉得自己正在行走的肌肉感觉和其他感觉,另一方面,我们的视觉也在不断变化着。

因此，举例来说，一块醒目的颜色并非突然被某种全然不同的东西所代替，而是被十分类似，具有难以察觉区别的形状、颜色组成的一种渐变所代替。这就是我们的思想在摆脱了具有不断变化表象的永恒不变之"事物"的假设之后，真正根据经验所了解到的一切。而我们实际所知的是肌肉感觉和其他身体感觉与视觉变化之间的一种相互关系。

但是，绕着桌子走，并不是改变桌子表象的唯一方式。我们还可以通过闭上一只眼，或戴上蓝色眼镜，或通过显微镜观察等方式改变桌子的表象。这些活动都在以不同的方式改变着我们称之为"桌子"的视觉现象。按我们所说，如果较远的对象的周围状况发生了变化（比如起雾、下雨或天晴等），那么它们所呈现的表象也会随之改变。生理学上的变化也会改变事物的表象。如果我们假定存在常识的世界，那么所有这些变化，包括生理学上的变化，都是产生于介质中的变化。要把这一套事实归结为仅包含可感对象，除此之外不假定任何东西的形式，就不再像前面的情形那样容易了。任何介于我们自身和我们所见事物之间的东西，必然是不可见的，我们从任何方向上看到的东西都会受到最近的可见对象的限制。人们也许会反驳：虽然我们能通过眼镜看东西，但眼镜上的污渍依然是可见的。然而，在这种情况下我们实际看到的是一个有污点的混合物，眼镜上的污点是可见的，而干净的部分是不可见的，因此我们能看到它以外的东西。所以，我们无法仅凭视觉发现介质对事物表象的影响。

以蓝色眼镜为例，这个例子最简单了，但也可作为其他事例的典型。眼镜框当然是可见的，但蓝色的镜片，如果一尘不染，则是不可见的，我们所说的镜片上的蓝色，可以显现在通过镜片所看到的对象上。我们通过触觉知道镜片本身，为了知道镜片介于我们和通过它所看见的对象之间，我们必须知道如何使触觉空间和视觉空间相关联。仅以感觉材料来陈述这种相互关系绝非易事，但是它并不具有原则上的困难，因而可以认为是已经完成的。此时，我们便可以一种意义赋予这一论断之上,即我们能触摸的这个蓝色镜片介于我们和我们所说的"通过"它所见的对象之间。

然而,我们还没有把这一论断完全归结于感官实际所提供的东西。我们陷入了一个假设,即我们在触摸蓝色眼镜时所意识到的那个对象,在我们不触摸眼镜时依然存在。我们在触摸眼镜的时候,唯有通过镜片看到自己的那截指关节才能让我们直接了解到某种东西的存在。如果我们要解释通过眼镜看见那些眼镜以外的对象呈现出蓝色的这一现象,似乎就必须假设在我们没有触摸眼镜的时候,眼镜依然存在。如果这一假设是必要的,那我们的主要问题也就迎刃而解了:我们有办法知道那些并非通过感觉所感知到的物体的当前存在,尽管它们与以前用感官感知到的物体属于同一类。

不过,人们可能提出疑问:尽管这一假设毋庸置疑理所当然,但实际上它是不是不可避免的?我们可以说,我们在触摸眼镜时所感觉到的对象虽然之后不复存在，但依旧会持续产生影响。照这样看，当可感对象不再被感知时，人们假定它依然继续存在，是从它们仍有影响这一事实所做的错误推论。人们常常以为任何不复存在的东西都不可能继续产生影响，但这是由错误的因果概念导致的偏见。因此，我们不能根据先验之不可能来抛弃当下之假设，反而必须进一步考察这个假设能否真正解释事实。

人们可能会说，我们的假设在蓝色镜片根本没被触摸的情况下毫无用处。在这种情况下，我们要如何解释对象呈现出的蓝色表象？进一步概括而言，我们把这些假设的触觉与未被触摸的可见对象联系起来，到底想要说明什么？我们知道，如果我们愿意，这些假设的触觉感知是可以被证实的，尽管事实上我们并没有去证实它们。难道这些假设的触觉不是这些可见对象永久具有而通过触摸才能有所显示的那些特性吗？

让我们先考察一下这个比较概括的问题。经验告诉我们：凡是看到某种有色表面，就能通过触摸获得某种预期的软硬、形状等感觉。由此可知，可见的东西通常是可触的，而且不论我们是否触摸到它，它都具有软硬的性质，我们触摸到它的时候，就有望感觉到这种软硬性。但仅仅从我们能推导出我们的触觉这一事实就能表明：在逻辑上，无须假定在被感觉到之前就存在一种可通过触觉感知的性质。我们实际所知道的，只是问题中出现的这些视觉现象连同触摸一起会导致某些感觉，这些感觉必须要用视觉现象加以规定，否则就不可能凭借视觉现象将其推导出来。

现在，我们可以就蓝色眼镜的经验事实做一个论断，该论断将为常识信念提供解释，同时又不假设在可感对象处于可感状态之下存在任何超出其存在的东西。根据触觉和视觉相关联的经验，我们已经能把触觉空间上的某个位置与视觉空间上的某个位置联系起来了。拿透明的东西举例，有时我们能在触觉空间中感觉到有一个可触对象，但在相应的视觉空间中却没发现任何可见对象。但是在蓝色眼镜这类情况中，我们发现，任何对象若从视觉上看，在某一个位置上是空的，却在该位置之外是可见的，那它就具有另外一种颜色，这种颜色与没有可触对象处于该位置时不同。当我们在触觉空间中移动可触对象时，一块蓝色就在视觉空间中移动。如果我们看到一块蓝色在视觉空间中这样移动，而又对介于其间的可触对象缺乏任何感觉经验，那无论如何我们都会推导出一个结论：若把手放到触觉空间的某个特定位置，就会体验到某种触觉。如果我们要避免无法感知的对象，那么，当我们说虽然蓝色眼镜没有被触摸到，但它会处在某一特定的位置，而且当我们只看到通过蓝色眼镜而变成蓝色的其他事物时，就势必要把上面这句话的意义定为完满的。

我认为可以把下面这一点定为普遍原则——若物理学或常识是可以被证实的，那一定仅用真实的感觉材料就能对其进行解释。理由很简单，证实总是由一个预期的感觉材料出现而形成的。天文学家告诉我们将有月食，我们注视着月亮，发现地球的影子将侵蚀月亮，也就是说，我们所见到的月亮的表象与平常满月时有很大的不同。如果预期的感觉材料能构成证实，那么我们所做的断定必然是与感觉材料有关，或者，若被断定的东西有一部分同感觉材料无关，那么只有其他与感觉材料有关的部分得到了证实。事实上感觉材料的出现是有一定规则性的（或者说符合规律的）。不过，在某个时候出现的感觉材料往往与在不同时间出现的那些材料有着因果联系，而与在相近时间出现的感觉材料，却没有联系或至少没有非常紧密的联系。就像如果我望着月亮，之后马上听到一列火车驶来的声音，那么这两个感觉材料之间不存在非常紧密的因果联系。但是，如果我在一周内的两个晚上分别望见月亮，那么这两个感觉材料的因果联系则十分紧密。我们可以通过想象一个"实在的"月亮，以得到关于这种联系最简单或至少是最容易的论断。只要有一系列可能的感觉材料，不论我们是否望见月亮，这个月亮自身都会一直存在，而在这些可能的感觉材料中，只有当我打

第三章 我们关于外部世界的知识

算望月亮的那一刻出现的感觉材料才是现实的感觉材料。

但是通过这种方式得到的证实确切程度非常之小。我们必须谨记,就我们目前怀疑的程度来看,我们不能随心所欲地接受证据。当我们听到某些声音,而我们想要表达某种思想时,也会发出这种声音,那我们就假定在另一个人的心中也有那种思想或者与其极其类似的思想,并发出了这个我们听到的声音。如果我们同时还看到了一个与我们身体类似的身体,像我们说话时动嘴唇那样也在动嘴唇,那我们就不能不相信对方是有生命的,当我们不看对方时,对方的内部感情也会继续存在。我们看见一个朋友被重物砸到了脚趾,并听到他说出我们在类似情况下也会说的话,这种现象无疑能得到解释,而无须假定对方是我们所看见和听到的一系列形状和声音。然而,实际上不会有人痴迷哲学到走火入魔,以至于不能确信他的朋友感受到了他在同样情况下会感受到的同一种痛。我们一会儿再来考察一下这种信念的合法性。此刻，我只想指出，正如我们认为月亮在我们不看它时依然存在的信念需要证明一样，这个信念也需要得到相同类型的证明，没有这类证明，那些听到或读到的证词只不过是一些声音和形状，而不能作为其所宣告之事实的依据。因此，就目前物理学发展水平而言，我们所能达到的证实，就其程度而言，只达到了个人肉眼所见的高度，而仅凭个人肉眼观察到的证实，在建立整门学科的道路上，只能发挥有限作用。

在继续讨论之前，我们先来把已经谈论过的论证总结一下。我们谈论的问题是：能否从我们自身的硬材料推导出这些材料之外的东西存在？由于给"自身"和"独立"做出准确的定义异常艰难，所以不能用"我们能不能知道除我们自身和我们的状态之外还存在其他东西？"或"我们能否知道有任何独立于我们自身的东西存在？"来陈述这一问题。我们觉得感觉存在的被动性并不重要，因为这充其量也就证明了感觉是由可感对象引起的。自然的朴素信念认为所见的事物在不被看见时也正如（或近似）它们被看见时所呈现的样子继续存在，不过这个信念，已经正趋于被下述事实否定——常识所认为的一个对象的表象，会随着常识所认为的着眼点和介质（包括我们的感官、神经、大脑）的变化而变化。如刚才所说，这个事实假定了由稳固对象构成的常识世界，然而又对此提出疑问。因此，在我们发现它对上述问题的确会产生影响之前，必须找到一种方法来陈述这一事实，这种陈述不能包括任何带有疑问的假设。于是，我们通过纯粹的经验找到的结果就是，某些感觉材料的逐渐变化与其他某些感觉材料的逐渐变化互相关联，或者在身体运动的情形中与其他感觉材料本身相关联。

关于可感对象在其可感性不复存在时仍然继续存在的假设（例如通过触摸发现了一个可见物体很硬，这种"硬"的性质在该物体不再被触摸时仍继续存在），可改用下面这一陈述代替：可感对象的结果仍然存在，就是说，现在发生之事在许多情况下只能基于对先前发生之事的解释来说明。在常识和物理学提供的关于世界的解释中，凡是人们可通过自己的亲身经验证明的东西，都可用这种方法来解释，因为只有一个预期的感觉材料出现，才能形成证实。但是，此方法在用于解释那些依赖于听来或读来的证据而存在的东西时则无能为力，因为这种证据依赖于我们自己心灵之外的（他人的）心灵，因此需要一种并非由感觉所提供的关于某物的知识。但是在考察我们关于他人心灵的知识这个问题之前，先回来谈谈物自体。也就是讨论这样一种理论：在我们并未感知某一可感对象时仍存在着的东西，是与可感对象全然不同的某种东西，它与我们和我们的感官一起促使感觉产生，然而其本身不是由感觉所产生的。

如果我们以常识假定存在一个对象，该对象具有各种变化不定的现象，这会引起诸多问题，而这些问题自然就让人产生了物自体的概念。人们认为桌子作为一种感觉材料使我们产生了视觉和触觉，但

第三章 我们关于外部世界的知识

这些感觉材料既然会因着眼点和介质的变化而变化，那么桌子就无疑与它引起的感觉材料完全不同。这个理论有一种混淆的倾向，即把心理现象的感觉和感官对象相混淆，让人们觉得它还挺有道理。就如一个色块即使只在被看到时才存在，也仍然与我们眼中看到的它截然不同，因为我们看它是一个心理过程，而这个色块和心理毫无关系。但是，我们可以在保留所考察的理论的同时，避免这种混淆。我认为，之所以要对该理论进行驳斥，是因为它没有意识到它指出的那些困难所要求的重建的本质。除非我们已经构建了一个比稍纵即逝的感官世界更为稳固的世界，否则我们就不能合法地谈论着眼点和介质上的变化。我希望我们对蓝色眼镜和绕着桌子走的讨论已经把这一点弄清楚了。然而，对于所要求的重建的本质，我们依然不甚明晰。

尽管就陈述来看，上述理论并不能令人满意，但我们还是应当带着一定程度的敬意来对待它，因为它是物理学和生理学得以建立的理论纲要，所以它必能得到真正的解释。下面，我们就来看一看这一解释是如何实现的。

首先要了解的是，根本没有"感官幻觉"之类的东西。感官对象即使出现在梦中也是我们知道的最确实无疑的真实对象。那么是什么让我们称它们为梦中不真实的对象呢？只是因为它们与其他感官对象有着不寻常的联系。比如我梦见自己身在美国，醒来发现自己却在英国，而我并未横渡大西洋，但我横渡大西洋一事同我在美国的一次"真实的"到访之间可以说是密不可分的！当经验使我们认为有一种正常的联系存在于一些感官对象和其他感官对象之间时，我们就称这些感官对象是"真实的"。如果缺乏这种联系，它们则被称为"幻觉"。但是幻觉不过是由这些感官对象引起的一些推论罢了，其本身与我们醒着时所感觉到的对象一样，是完全真实的。反之，醒着时的可感对象，也决然不能认为它们比梦中的那些可感对象具有任何更本质的真实性。梦中的生活和醒着的生活，在我们最初进行构造时必须一视同仁,只有通过一些绝不仅仅是可感的真实性才能表明梦是不真实的。

　　承认了感官对象具有明确无疑的瞬间真实性之后,接着要注意一种混淆,而由事物的可变性带来的诘难就由此产生。当我们绕桌子走时,桌子的样相随之改变,但是人们认为既不能说桌子在变,也不能说桌子的各种不同样子"实际上"都定格于同一地点。如果我们按压一只眼球,就看到"两张"桌子,然而"实际上"有两张桌子这种说法是荒谬的。不过,这样一些论证似乎都包含了一种假设,即可能有某种比感官对象更为实在的东西。若我们看见两张桌子,那么就有两张可见的桌子。但同时我们也可能通过触摸发现只有一张可触的桌子,这一点毋庸置疑。这使我们宣称这两张视觉上的桌子乃是一种幻觉,因为一个可见对象通常只对应一个可触对象。但在此情形中,我们能给出的最正当的解释就是触觉和视觉相关联的方式非同寻常。此外,当桌子的样相随着我们绕着它走而改变,我们又被告知不可能在同一地点有这么多不同的样子时,那这个回答就简单多了:谈论桌子的批评家所谓的"同一地点"是什么意思?使用这个词就代表我们预先假定我们的一切困难都已解决。然而,除非联系到某一套已知的短暂感觉材料,不然我们无权谈论"地点"。因为当身体运动导致一切变化了,那地点也都随之改头换面了。因此,如果存在这种困难,那么它至少是没有被正确地陈述出来。

现在,我们另辟蹊径重新讨论这个问题。我们不去探讨那些能最低限度解释感官世界的假设,我们要做的是构造一个对事实的可能(而非必须)的解释,以获得一个有助于想象的假设模式。这样我们就有望对假设澄沙汰砾,仅留下可作为我们的问题的抽象答案的那些残余。

我们来想象一下,正如莱布尼茨在单子论中所述:每个心灵都是根据其特有的观点来看世界的。简便起见,我们这里只谈视觉,对于缺乏视觉的心灵我们暂且不谈。每个心灵每时每刻都能看到一个极其

第三章 我们关于外部世界的知识

复杂的三维世界,但是绝没有一个东西能同时被两个心灵看到。当我们说两个人看到同一事物时,常常会发现由于着眼点不同,两人直接感知的对象是有差异的,无论这种差异有多小。(在这种情况下,我假定见证是有效的,因为我们只是在构造一个可能的理论,因而这个假定是合法的)因此,一个心灵所见的三维世界与别的心灵所见的世界没有任何共同的地点,因为地点只能由在此地点上和其周围的东西来构成。所以,尽管不同的世界会有差异,我们仍可设想每个世界都如它们恰如其分地被感知的那样存在着,即使没有被感知到,也同被感知时毫无二致。我们还可以设想,那些实际上未被感知的世界不计其数,假如有两个人坐在一间屋子里,就有两个近似的世界被他们感知,假如第三个人进来坐在他们中间,就有介于两个世界之间的第三个世界得到感知。的确,我们无法合理地设想这个世界在此之前就已经存在,因为它受第三个人的感官、神经和大脑所制约。但我们可以合理设想,哪怕第三个人没有出现，这个世界从那个着眼点看去将会呈现的样子也已然存在。我们将已被感知和未被感知的世界的一切景象所构成的系统称为"视景"系统。我将用"私人世界"一词来表示实际被感知的世界景象。因此，一个"私人世界"就是一个被感知的"视景"，但未被感知的视景数量有多少，我们不得而知。

我们还发现，两个人有时会感知到非常相似的视景，甚至两个人用来描述它们的字眼都一样。他们都说自己看到同一张桌子，因为他们看到的两张桌子之间的差别微不足道。因此，有时我们能够根据一个视景中的大量事物与另一个视景中的大量事物之间的相似性建立一种相互关系。当它们具有极大的相似性时，我们就说这两个视景的着眼点在空间上十分接近，但两个视景十分接近的空间与这两个视景之内的空间是完全不同的。前者是两个视景之间的一种关系，既不在这两个视景之内，也无人能感知到它。想要知道它，只能借助推理。在两个被感知的相似视景之间，我们能够想象存在一系列的其他视景，其中至少有些是未被感知的，因此两个视景无论多么相似，其间仍会存在其他更为相似的视景，这样，各个视景之间的关系就能构成连续的、三维的空间（如果我们选择如此描述的话）。

现在我们可以对常识所说的瞬间"事物"下定义了，这些事物与其瞬间的表象相对。借助相邻视景的相似性，我们可以把一个视景中的对象与另一个视景中与之相似的对象关联起来。假定在一个视景中有一个对象，把一切视景中与之相关联的所有对象都组成一个系统，此系统就能看作常识的瞬间"事物"。因此，一个"事物"的一个样相是这个样相系统中的一部分，样相系统即这一瞬间的"事物"（不同视景在时间上的相互关联产生了某种复杂性，相对论对此进行了讨论，此时我们暂且忽略）。而一个事物的一切样相都是实在的，而事物本身却是一个纯粹的逻辑构造。不过，它的优点在于可以在不同的着眼点间处于中立而且可以为不止一人所见，这里所谓的可见是就每人可见它的一个样相而言的。

我们将看到每个视景都有其自己的空间，而以这些视景本身为要素的空间有且只有一个。有多少视景就有多少私有空间，因此，至少也可以这么说：有多少感知者就有多少私有空间，而且此外还可能存在无数其他私有空间，以纯粹质料的形式存在，而且未被任何人看到过。但是只存在一个由一个个单独视景组成的完整视景空间，这些单独的视景又有其各自的私有空间。那么现在，我们有必要说明一个问题：一个单独的视景的私有空间是如何与这个囊括一切的视景空间相关联的？

视景空间是私有空间（视景）的"着眼点"系统。由于我们尚未给"着眼点"下定义，因此也可以说视景空间就是私有空间本身的系统。每个私有空间都可看作视景空间中的一个点，或至少是一个组成要素。而这些私有空间呈相似性排列。例如，假设我们从一个含有圆盘形现象的私有空间出发，我们将圆盘称为硬币，并假定此现象在所提及的视景中是圆形的，而非椭圆形的。然后我们就能构造一整个

第三章　我们关于外部世界的知识

系列的视景，其中包含了一系列不同程度、不同大小的圆形样相。想要得到这些大小不一的样相，我们只需（如上所述）靠近或远离这枚硬币即可。那些硬币在里面看起来很圆的视景，可以说是因为在视景空间中处于同一直线上，这些视景的次序按圆形样相的大小排列。另外，那些看起来大的视景比看起来小的视景更接近于这枚硬币。不过我们必须对这个论断采取谨慎态度，并在下面进行考察。此外还需再提一句，我们可以选用硬币之外的任何其他"事物"，来探寻我们的视景和视景空间中的关系，而且经验表明，不论选用什么事物，都能得到相同的视景空间次序。

为了说明私有空间和视景空间之间的关系，我们首先得说明"一个事物在视景空间中所处的位置"是什么意思。为此，我们再来考察一下这枚在许多视景中都曾显现的硬币。我们将那些使硬币在里面看起来很圆的视景构成一条直线，而且我们认同那些硬币在里面看起来较大的视景离硬币的位置更近。

我们也可以将另一类视景构成另外一条直线，在这些视景中，硬币的一端看上去像具有一定厚度的直线。这两条直线在视景空间的某个地点（在某个视景中）相交，这个视景就可以定义为"该硬币在视景空间中所处的位置"。诚然，为了把这两条直线延伸到它们相交的点，除了该硬币之外，还必须借助其他东西，因为基于经验，我们知道如果太靠近这枚硬币以至于碰到眼睛了，该硬币就不会再呈现任何现象。不过这点困难不值一提，因为从经验来看，这些视景的空间次序是独立于被选来规定这种次序的那些特殊"事物"的。举个例子，我们可以把原来这枚硬币移开，再分别放上另外两枚硬币。使其中一枚的样相在原来硬币为圆形的地方也呈圆形，另一枚在原来硬币为直线的地方也呈直线，以这种方式使那两条直线都延伸到它们的交叉点。于是就可以构成一个唯一的视景，后放进去的两枚硬币中有一枚在其中看似圆形，另一枚则看似直线。而根据定义，这就是原来的硬币在视景空间中的位置。

当然,以上只是概而论之,以说明得出定义的方法,并未谈及硬币的大小,而且假定我们可以在移开这枚硬币时不受其他位置上事物与此同时所发生的变化之干扰。不过这类细节不会影响原则正误,只是会让原则在运用上变得更加复杂而已。

我们既然已经给一个已知事物所处位置的视景下了定义,就能理解一个事物在其中看起来较大的那些视景比它在其中看起来较小的视景更贴近这一事物的含义:前者更接近该事物所处位置的那个视景。

现在,我们也能说明私有空间和视景空间各部分之间的相互关系了。如果一个物体在某一私有空间中有一样相,那么我们就把这个样相在私有空间的地点同这个事物在视景空间中的地点关联起来。

我们可以把"这里"定义为我们的私有空间在视景空间中所占据的位置。由此我们就能理解所谓一个事物接近或远离"这里"是什么意思,一个事物接近"这里"即指它所在的位置靠近我的私人世界。

我们还能理解所谓"我们的私人世界在我们头脑中"是什么意思。因为,"我们的私人世界"是视景空间中的一处,而且也可能是我们头脑所在之处的一部分。

我们将观察到：视景空间中有两个位置与一个事物的每个样相都互相联系着,即这个事物所在之处和以该样相为组成部分的视景所在之处。一个事物的每个样相都是两类不同样相的组成部分。这两类样相中,一类是指该事物各种不同的样相,其中最多只有一个显现于任何一个已知视景中；另一类是指以已知样相为组成部分的视景,即该事物会呈现出该已知样相的视景。物理学家自然按前一种方法对样相进行分类,心理学家则选择后一种方法对样相进行分类。与一个单独样相相联系的这两个位置分别对应对这个样相进行分类的两种方法。我们可以把这两个位置区分为该样相"在"那里显现的位置,和该样相"从"那里显现的位置。"在那里显现的位置"是这个样相所属事物的所在,"从那里显现

第三章　我们关于外部世界的知识

的地点"是这个样相所属视景的所在。

我们现在要做的就是尽力说明一个事实，即一个事物在某一已知位置上呈现出的样相是受介质影响的。一个事物在不同视景中的样相，可以看作是从该事物所在位置向外扩散的。当其离这个位置越来越远时就会发生种种变化。若要找到样相变化的规律，我们就不能只考虑临近这个事物的那些样相，还要考虑样相"从"那里显现的诸多位置上的事物。因此，这个经验事实是可以用我们的构造来解释的。

虽然我们现在构造出的世界图景，大部分都是假设的，但是它包含并整理了经验事实，这些经验事实也包括源于见证的那些事实。我们只需稍稍努力，便可以用已经构造的这个世界去解释简单粗糙的感官事实、物理学事实、生理学事实。因此这是一个可能真实的世界。它与事实相符，没有任何与之相悖的经验证据，而且在逻辑上也是完全说得通的。但我们是否有充足理由认为它是实在的？这又把我们带回原来的问题，即关于相信在我的私人世界之外还存在其他东西的根据问题。从我们假设的构造可以得出如下结论：没有任何根据能驳斥这个信念的真实性，但是能支持这个信念的根据也尚未出现。我们将再次提出有关见证和他人心灵存在的证据问题，并针对这个问题继续研究。

首先我们必须承认，支持他人心灵存在的论证并非牢不可破。那些梦中的幻象似乎也有一个心灵，一般来说是令人讨厌的心灵。它会给我们出乎意料的回答，拒不服从我们的愿望，并且展现出那些我们习惯在醒来时才会见到的各种智能特征。然而，当我们醒着时，我们并不相信这个幻象会和人们醒着时所认为的那样，是一个我们无法直接进入的私人世界。若我们相信醒着时所认为的那样，那么这种想法必然是建立在某种缺乏证明的根据之上，因为如果这样，那显然我们醒着的生活可能只是一场异常持久、循环往复的噩梦。那些别人对我们所说的一切，我们在书上读到的一切，使我们排忧解闷的日报、周刊、月刊、季刊，关于肥皂的广告，以及政治家们的演说，也许都是我们臆想出来的。可能事实就是这样，因为你无法证明它是假的，尽管没人真的相信它。那有没有任何逻辑依据来否定这种可能性呢，或者说有没有超越习惯和成见的东西呢？

我们一开始谈他人的心灵是从一种非常广义的角度来谈的，从这个角度看，他人的心灵属于我们的材料。也就是说，我们最初开始反思的时候，发现自己已经相信它们的存在了，不是因为任何论证，而是因为我们对这种信念已经习以为常。不过，它是一个心理上派生的信念，因为它源于对人体的观察，与其他类似的信念一样，并不属于最"硬"的硬材料，反而在哲学反思的影响下，显得十足可疑，导致我们希望有某种论证能把它与感官事实联系起来。

明显的论证当然来自类比。当我们有某种思想和情感时，他人的身体行为表现得和我们一样，因此，通过类比，人们自然设想他人的这些行为像我们自己的行为一样与思想和情感有联系。有人说："当心！"而我们发现自己正处在被车撞倒的危险之下，于是我们就把我们听见的这句话归诸于首先看到这辆汽车的人,该情形表明有一些我们并未直接意识到但确实存在的东西。但是整个情景以及我们的推论也会在我们的梦中出现,在这种情形下推论一般就会被认为是错误的。当我们认为自己是醒着的时候,有没有什么东西使得这种类比推论更令人信服呢?

较之梦中的推论,我们之所以更倾向于醒时的推论,只是因为它范围更大,而且前后一致。假若有人每天晚上必梦见一群白天素未谋面的人,这些人的性格前后一致,并且随着岁月的流逝而逐渐变老,那么这个做梦的人就会和电影剧本中的人一样,难以判断哪个是梦幻世界,哪个是所谓的"真实"世界。而我们的梦既不能形成一以贯之的整体,也不能与醒时的生活相一致,所以我们认为梦是不真实的。在醒时的生活中我们能发现某种一致性,而梦则反复无常。自然本性会假设魔鬼和死者的灵魂会在我们睡时探望我们,但是现代人通常都拒绝接受这一

第三章 我们关于外部世界的知识

观点,却又很难将之驳倒。另外,神秘主义者在顿悟的那一刹那,仿佛是从包含他全部人世生活的梦中觉醒过来:整个感官世界变得如梦似幻,他带着清晨梦醒后的清醒和确信,看见了一个与充斥着日常烦恼琐事的世界截然不同的世界。对于这种证词,谁来反驳他?又有谁来为他辩护?或者又有谁会来证明我们自己生活其中的那些普通对象看似具有的可靠性呢?

我觉得类比论证无法有力支持"他人具有心灵"这一假设。同时,这个假设把大量事实系统化,并且没有产生任何让我们有理由认为是假的结论。因此,它的真实性不容置喙,而且把它用作一个工作的假设也是有理有据的。一旦承认了这个假设,我们就能源源不断地吸收由见证得来的对感官世界的知识,从而形成我们在假设的构造中假定的私人世界的体系。事实上,不论我们如何尝试像哲学家一样思考,都不得不相信他人的心灵,所以,我们的信念是否被证明为正确,这个问题只是一种思辨的兴趣。如果它是正确的，那么将我们从科学和常识中得到的知识（不仅限于我们的私有材料）大大推广，便没有更多原则上的困难了。

上面这个不算充分的结论，无法作为我们此次冗长讨论的全部结果。关于感觉和客观实在的联系问题，人们通常不会效仿我们将最初的怀疑推广到如此远的观点上来讨论的方法。大多数作者自觉或不自觉地假定他人的见证应该得到承认。因此（至少含蓄地）假定他人是具有心灵的。但是在承认了这些后，困难却接踵而至：一个物理对象同时呈现给两个人的表象是不同的，或者同一个对象在两个时间呈献给同一个人的表象也是不同的，而在这两个时间之间这一对象并不可能发生变化。这种种困难不禁使人们怀疑依靠感官究竟能在多大程度上认识客观实在，而且使人们设想会出现一些积极论证来反对那种认为客观实在可为感官所知的观点。我们提出的假设的构造，解释了这些论证，并且表明：我们能采取一种逻辑上无可挑剔的方法来解释常识

第三章 我们关于外部世界的知识

和物理科学所给予的世界,然后为一切感觉材料(包括硬材料和软材料)找到一个位置。而这个与心理学和物理学一致的假设的构造,就是我们以上讨论的主要成果。也许我们只需取这个构造的一部分作为最初假设,而且可以借助点、瞬、微粒的定义所提出的逻辑方法,从更少的材料中得出这个构造。但我还不知道能将我们最初的假定缩减到什么程度。

第四章

物理学世界与感官世界

第四章 物理学世界与感官世界

在反对感官对象实在性的观点中,有一个观点所依凭的论据,是从物理学角度所观察到的物质和凭感觉观察到的物质之间存在显著差别。大多科学家都会指责直接观察到的材料是"纯粹主观的"材料,同时却坚持由这些材料所推导出的物理学理论是真理。虽然这种态度也许有其正当性(显然需要正当性),而唯一正当之理由便是物质为感觉材料凭借逻辑构造而成,但前提是真的有某种纯先天的原则可以从已知推导出未知。因此必须找到某种方法来架起物理学世界和感官世界之间的桥梁,本章讨论的就是这个问题。物理学家似乎没有意识到这道鸿沟的存在,心理学家虽然意识到了这道鸿沟,但缺乏跨越这道鸿沟所需的数学知识。所以,这是一个难题,我具体也不知应该如何解决这个难题。我只希望能够让人们察觉到这个问题，从而提出解决问题的方法。

首先，我来对这两个泾渭分明的世界做一番概括描述。先讲物理学世界，因为虽然感官世界的内容人生而知之，而物理学世界的内容需要凭借后天的推理，但人们对物理学世界更为熟悉，而纯粹的感官世界已经变得陌生并再难有新发现了。物理学的起源是人们关于相对恒常不动的物体（桌、椅、石、山、地、日、月……）的基于常识的信念。注意，这个常识信念是大胆地将形而上学理论化的一个例子，人们并不总能通过感官感觉到对象，因此会怀疑在自己没有看见或感觉到的时候，对象是否存在。从贝克莱时代起，这一直是个尖锐的问题，但往往被常识忽视了，因而至今仍被物理学家们忽视。在此，我们首次同直接凭借感官观察到的材料分道扬镳，虽然这次分道扬镳仅仅出于概念的延伸，而且可能我们茹毛饮血的先祖在极其遥远的史前时代便造就了这一结果。

第四章　物理学世界与感官世界

但是桌、椅、石、山并非十分恒久而固定。桌、椅的腿会断，石头会因霜冻而开裂，高山会因地震或火山喷发而崩坏。还有其他看似是物质的东西，也几乎没有一样是恒久而固定的。呼出的气、烟、云等就是这样会变化的东西；缩小一点范围，冰和雪也是这样的东西；而河流和海洋虽然恒常存在，却日夜流转。人们认为呼出的气、烟、云等概括来说是看得见却摸不着的东西，因此很难说是实在的。时至今日，人们依然认为看得见却摸不着是灵魂的一大特征。这种对象的特别之处在于它们似乎能消失得无影无踪，而不仅仅是转化为别的东西。冰雪消融化为水，不需要运用太多理论就可以做出"水和冰雪同质不同形"这一假设。固体碎裂后，各部分的形状、大小实际上同先前没两样。一块石头可以被砸个粉碎，但组成这些石屑的颗粒仍保持粉碎前的性质。因此，古代自然哲学家在瞬息万变的现象中寻求那种固定不动、恒久不变之物的理想，似乎是可以实现的，因为他们把普通物体设想为由大量原子构成。实际上，在电磁理论代替原子论之前,这种"台球式"的物质观直到不久前还一直支配着物理学家的想象力。而电磁理论本身也正朝着一种新型原子论的方向发展。除了因化学需要而创设的具有特殊形式的原子论之外,传统动力学整体上也被某种原子论所统治,动力学规律和公理的陈述,无不透露出原子论思想。

物理学家通过想象对物理世界做出的生动描绘随着理论的更新,经历了剧烈的变化,尽管理论修改的程度比外行人单看文字变化所推想的要小得多。然而,物理学理论中,总有一些特点几乎是恒久不变的。人们总是假定,存在某种不可毁灭的东西,能在空间中运动。这种不可毁灭的东西一方面非常小,另一方面不会占据空间中的一个点。人们设想存在一个无所不包的空间,运动即在这个空间内发生。直到不久前,我们仍会设想存在一个无所不包的时间。但相对论把"局部时间"这一概念放在了突出地位,从而在一定程度上动摇了人们对单一均匀时间流的信仰。关于相对论的最终结果我们不去妄断,但依我所见，有一点很确定，即该理论并没有消除不同的局部时间相互关联的可能性，因而在哲学领域不会产生如某些人预料的那种深远影响。事实上，尽管在测量上有困难，但我认为物理学的所有运动法则都建立在一个无所不包的时间基础之上，因此现代物理学和牛顿时代的物理学一样，笃信存在一群名叫"粒子"的实体，它们不可毁灭，并在唯一的时空中彼此间做着相对的运动。

直接获取感觉材料的世界与此大相径庭。在这个世界中，没有恒久的东西，即使像山这样我们认为恒久不变的东西也只在为人所见之时才成为感觉材料，在其他时候并不能立即证明其存在。因此，与其说有一个无所不包的空间，不如说是基于不同的空间感觉，人人都有若干个空间。这些空间是根据不同感觉相互作用这一关系产生的。通过经验，我们知道了这些空间通过相互关联可以得到一个新空间。经验和本能的理论思维告诉我们，可以把我们的空间和我们认为存在于他人的可感知世界中的那些空间关联起来。在我们的私人世界中创造单一的时间相对简单,而把两组私有时间关联起来,则困难重重。因此,将物理学世界和感官世界联系起来除了让物理学的一些假设变得不确定之外,还产生了三大问题:(1)恒常"事物"的构造;(2)单一空间的构造;(3)单一时间的构造。下面我们将依次讨论这三个问题。

(1)"不可毁灭"的事物这一信念最早以原子论的形式出现。我认为,人们提出原子论的基本动机并不是要凭借经验成功诠释现象,而是要塑造出一种本能的信念,使人相信在可感知的世界中,一切现象背后存在某种恒常不变的东西。由于原子论在实践中屡屡成功(最高成就是质量守恒定律),所以这一信念变得更加根深蒂固,不断壮大。但它并非这些成就的产物,反倒是这些成功源于这一信念。写物理学主题的哲学作家,有时会把某物和其他东西之间的守恒关系说成是科学得以存在的根本,但我认为这些看法大谬不然。假设没有物质恒常不变这一先入为主的信念,那我们现在凭借这一信念所得出的规律也可以用一种脱离这一信念的方式来表达。我们为什么会觉得冰一旦融化,剩下的水和冰是同一物质的不同形式呢?原因仅仅是这一设想以一种符合我们既定概念的方式来描述该现象。而我们真正了解到的是在一定的温度条件下,"冰"这一现象被"水"这一现象所代替。我们可以根据"一个现象接着产生另一个现象"这一事实找到一些规律,但除非心怀既定的成见,否则绝无理由能证明两种现象源于同一实体。

假如刚才所说无误,想要把感官世界同物理学世界联系起来,就要完成一件事,即摆脱先入为主的信念,重构物质概念。尽管现代物理学取得了革命性的成果,可是物质概念的实证性成功表明,一定存在某种合理的概念大致可以发挥同样的作用。尽管我们现在还不能准确地阐述这种合理的概念,但是可以看个大概。为此,我们只需在普通常识的陈述中去除存在恒常实体的假设,换一种说法即可。例如,我们会说事物是逐渐变化的。这种变化有时极为迅速，但是变化的过程中不可能不经历一系列连续的中间状态。这意味着，任何可被感知的现象，只要我们加以观察，一定能观察到一系列连续的现象与该现象相关联，这些连续现象以我们察觉不到的渐变速度，趋向于我们常识所认为的属于同一事物的新现象。这样，事物或许就可以被定义成某些成系列的现象，这些现象由连续性和某种因果律彼此联系。对于缓慢变化的事物，这一点显而易见。以一张随着岁月的流逝而褪色的壁纸举例。我们很难说服自己这张壁纸不是一个颜色在不同时间有所不同的"东西"。但我们对于这张壁纸，又真正了解多少呢？我们知道在适当的环境下（也就是说，我们"在这间屋里"），我们感知到了形成了某些花样的某些颜色，尽管这些颜色准确来说做不到时时相同，但足以让我们觉得相差不大。如果我们能依据颜色的变化得出规律，那就能得出所有经验上可证实之事的规律。假设有一个恒常的实体——壁纸，它在不同时间"具有"不同颜色，但这种假设是一种毫无来由的形而上学。如果我们乐意，可把壁纸定义为其本身一系列不同样相的集合。这些样相集合在一起的动机，和我们把壁纸看成一个可被感知之物的动机是一样的，这个可被感知之物由连续性和因果律结合而成。说得更宽泛一点，一个"事物"可以定义为某种成系列的样相集合，这些样相通常会被说成是这一事物的层面。说某一样相是某一事物的样相，仅仅表示该样相是样相之一，这些样相从系列来看即该事物。至此，对于事物的解释和之前并无二致：凡可证实皆为不变。但是对于我们的语言，要如此诠释才能避免做出关于恒常之物的假设，因为这种形而上学的假设完全没有必要。

上述排除恒常事物的原则是"奥卡姆剃刀"的一个范例。所有科学的哲学思维都曾受到"奥卡姆剃刀"这一原则的启发。其内容为：如无必要切勿增加存在物。换句话说，在讨论任何话题时，需找出毫无疑问包含在内的存在物，并且只利用这些存在物来做阐释。如此阐释往往比常识和大多数哲学理论更为复杂难懂。因为后者加入了一些假定的存在物，尽管这些存在物存在的理由并不能令人信服。我们会认为想象一张颜色会变化的壁纸比单纯想象一系列的颜色会更容易些。但是，认为人们脑中信手拈来且并不违和的东西无须得到证明的想法是错误的，这一点在上文对"事物"所做的论述有充分解释。

上文对"事物"由来的概括，尽管可能从大体上看是正确的，但没有涉及一些非常难以解释的情况，对于这些情况，我们需要稍加考察。面对一大堆杂乱无章的感觉材料，我们意欲将其收集起来，整合成诸多系列，并且每个系列都可被看成某一"事物"的各个现象的集合，这些现象前后相继、绵延不绝。首先，常识所定义的事物和物理学中由恒常的粒子所构成的集合体之间存在某些概念冲突。从常识看，人体是一个事物，但从科学来看，构成人体的物质是不断变化着的。但这一概念冲突并不严重，就我们讨论这一问题的初衷而言，多半可以将其搁置一旁。我们要解决的问题是：应该根据什么原则在一堆杂乱无章的感觉材料中挑出一部分，并将其归为同一事物的所有现象呢？

对这一问题若不深究，只给出一个大概的答案并不难。因为某些现象的集合是十分稳定的，如山水、室内家具、熟人的面孔等。我们会毫不犹豫地认为这些现象在连续不断的各个时刻都隶属于同一个事物或同一组事物。但是，如果我们仅因为事物表面相似就做出判断，就会像《错误的喜剧》一书中所描述的那样误入歧途。这就表明，想要做出判断，还须考虑别的方面，因为两个不同的事物之间或多或少有相似性，某些事物其相似程度甚至可以说一模一样。

而拿连续性作为判断事物的标准，也不是很恰当。我们都知道，如果注视着一个被认定为处于变化的事物，常常会发现它的变化在我们可感知的范围内是连续的。我们由此可以假设，如果在两个不同的时间看见两个有一定区别的现象，并且有理由认为这两个现象属于同一个事物，那么这个事物在我们没有观察它的时候也存在着一系列连续变化的中间状态。于是，人们就倾向于认为变化的连续性是构成一个事物的充要条件。但事实上，它既不是必要条件，也不是充分条件。之所以说不是必要条件，是因为我们的注意力没有完全集中在这个事物身上，所以那些未被观察到的状态，纯粹是人们假想出来的，因此无法由此得出在此之前和之后发生的现象属于同一事物的结论；反之，也正是因为我们做了连续性的设想，才产生了未被观察到的中间状态。此外，连续性也不是构成一个事物的充分条件，例如：我们可以根据明显连续的渐变过程，从任意一滴海水推导出另一滴海水的存在。所以我们最多只能说：不断观察过程中的间断性通常是事物之间差别的一个标志，不过在突然爆炸之类的情形中，就连这个结论也是站不住脚的。

然而，连续性的假设在物理学上还是取得了很大成功。这个事实虽然证明了一些东西，但对我们解决当下这个问题提供不了明显的帮助。它证明了在

第四章 物理学世界与感官世界

已知世界中没有与"一切变化都是连续的"这一假设相矛盾的事物,不过由于有些事物变化太快,有些事物被我们疏于观察,变化可能不总是连续的。基于这个假设,如果要把两个现象归为属于同一事物,那么可以承认连续性是一个必要条件。但是,利用大海中水滴的例子,可以表明它并不是个充分条件,因此我们还需找到某种别的东西,才能给"事物"下一个哪怕是最粗浅的定义。

那些我们进一步需要的东西,似乎从本质上满足因果律。如果只是这么说,那听起来会很含糊,但我们会尽量精确地表述。我所说的"因果律",指一种能够把不同时间的事件,甚至在极端情况下把发生在同一时间的事件联系起来的规律,而这种联系是靠逻辑无法证明的。这是一个极为宽泛的定义,从这个定义来讲,动力学规律是因果律;把一个"事物"同时呈现的不同现象与不同感官相互关联起来的规律也是因果律。那接下来的问题是:因果律对定义"事物"有什么帮助?

要回答这个问题，我们必须思考物理学的实证性成立究竟证明了什么。它证明了物理学的假设尽管不能在感觉材料范围之外得到证实，但与感觉材料并不矛盾。相反，理论上倒可以把所有感觉材料从某一时间范围内的所有材料中计算出来。如今，物理学已经发现，把感觉材料汇集成系列从经验上说是可能的。汇集后的每一系列都被看作属于同一"事物"，并且按照物理学规律活动；不隶属于同一事物的系列，一般不会以相同的方式活动。如果要弄清两个现象是否属于同一个事物，只有一种方式能将这些现象集合起来，从而使所得的事物服从物理学规律。但要证明此事可行十分困难，就我们目前想达到的目的而言，可以先将证明一事撇在一边，并假定这是唯一可行的方法。而我们在给"事物"下定义的时候，必须把那些未观察到的样相（如果确实存在这种样相）包括在内。这样，我们就可以给事物下定义了：事物便是符合物理学规律的样相序列。这些样相序列的存在是经验的事实，从而让物理学具备可证实性。

第四章 物理学世界与感官世界

人们或许还会反驳说,物理学中的"物质"和成系列的感觉材料是两回事。我们可以这样说,感觉材料属于心理学范畴,因而从某种意义来说,完全是主观的东西。而物理学并不在心理学的考量范围内,且不会假设它所谓的"物质"只有在被感知时才存在。

对于这一反驳,存在两种回答,每种都具备一定的价值。

(a) 上面我们已经讨论了物理学具备可证实性的问题。但可证实性与真实性绝非一回事,事实上,与真实性相比,可证实性要主观得多,而且与心理学紧密联系。一个命题若要具备可证实性,仅仅自身具备真实性还不够,还必须能让我们发现它是真的。因此,可证实性依赖于我们获取知识的能力,而不仅仅依赖于客观真实性。正如人们通常认为的,物理学中有很多不可证实的东西,例如:①如果事物恰恰存在于没有观察者的地方,那对于观察者来说,它会是什么样子;②如果事物事实上从未显现过,那它又是什么样子的;③那些永不显现的事物又是什么样子的。提出所有这些假设的目的都是为了能简化因果律的陈述方法，但是它们都无法组成物理学中已知为真的任何东西。因而，就引出了第二个答案。

（b）如果物理学全部是由已知为真或至少可以被证实或证伪的命题组成，那么我们刚才列举的三类假设之实体，必然都可以被解释为感觉材料的逻辑函项。我先来回顾一下第三章中假设的莱布尼茨的世界，并以此来说明其是如何成立的。在那个世界里有很多视景，尽管它们各不相同，但常包含一些互相关联、能被认为属于同一事物的东西。如果某个视景在一个实际观察者面前显现，那我们就将其称为"实际的"私人世界；如果一个视景仅仅是根据连续性原则构造出来的，我们便称其为"理想的"私人世界。一个物理上的事物，在每一瞬间都是由其在不同世界中这一瞬间所体现的样相汇集而成的，因此，一个事物的瞬间状态是其样相的集合。"理想的"现象是仅被预测而未被任何观察者实际感知的样相。事物的"理想"状态就是其一切现象都是理想的那一瞬间的状态。理想的事物，就是任何时候都处于理想状态的事物。既然理想的现象、理想的状态、理想的事物是经过测算得出的，因此它们必然是含有实际的现象、实际的状态、实际的事物的函项。事实上，归根结底，它们必然是实际现象的函项。因此，为了说明物理学规律，无须赋予理想要素任何实在性。因为只要我们能知道如何确定它们在何时转换成实际要素，那么承认它们只是逻辑的造物便足够了。事实上，我们已经在一定程度上做到这一点了，例如：不论何时，只要我们选择仰望星空，星空便成为实际的存在了。所以我们完全可以相信理想要素的存在，而且没有理由不相信这一点。然而，除非借助某种先验的规律，否则我们不可能知道理想要素的存在，因为我们所拥有的经验知识仅限于实际观察到的事物。

（2）物理学有三个主要概念：空间、时间、物质。物质这一概念所引起的一些问题在上面讨论"事物"时已经指出了。而空间和时间的概念也产生了几乎同类的难题。因为凭借感觉直接得出的世界是偶然、杂乱的，而由几何学、动力学所构建的世界是平稳、有序的。所以我们在将前一个世界简化为后一个世界的过程中碰到了诸多困难，它们便是空间和时间概念带来的难题。下面我们先来考察一下空间概念。

没有读过心理学书的人很少会知道构建一个囊括一切（包含一切可感知的对象）的空间要花费多少精力。康德在心理学方面特别无知，他把空间描绘成"一个无限的给定整体"，但从心理学角度稍加思考，便可以得出：无限的空间不会是给定的，而所谓给定的空间也不会是无限的。想要回答什么是"给定的"空间很困难，心理学家对此也是各执一词。不过我们只要提出一些一般的评述，就足以指出这些问题，而不必对尚处于争论阶段的心理学观点下定论。

首先要注意的一点是：不同的感官具有不同的感觉空间。视觉空间与触觉空间区别很大，我们只能通过幼儿时期的经验才能把两者关联起来。当我们长大后，看到一个能够得着的对象，就知道去触摸它,并且能知道这个对象摸起来大概是什么感觉。如果我们闭着眼触摸一个对象,就知道在哪里能找到它,并知道这个对象看起来会是什么样子。但是,这种知识是从我们早年对某种触觉和某种视觉相互关联的经验中得来的。那个包含这两种感觉的空间是由理智构建而成的,而并非一个被给予的材料。此外,除了视觉和触觉之外还有其他感官,它们提供其他种类的空间,只不过没有前两者那么重要罢了。这些感官也需要通过经验的相互关联,从而被安置在统一的空间内。与先前讨论事物时的情形一样,这个无所不包的空间,说起来很方便,但无须设想它真的存在。我们凭经验只能确定包含若干感官的若干空间中那些由经验发现的规律是相互关联的。而这个统一的空间作为一个由各种空间组合而成的逻辑构造,也许是有效的,但没有任何充分的理由能假定其具有独立的形而上学的实在性。

直接经验的空间与几何学和物理学上的空间的另一个区别是和"点"有关。几何学和物理学上的空间由无数的点组成，但从未有人亲眼见过或摸过这些点。如果在可感空间内部有点存在，那这些点一定是一种推论。我们很难找到任何方法能把点作为独立的存在物从感觉材料中推断出来，因此如果可能，我们必须找到直接给定之对象的某种逻辑构造和某种复杂的集合。而这种构造和集合须具有形成点的几何特征。人们习惯于把点看作简单的、无限小的东西，但是几何学绝不会要求我们这么看。在几何学中，点与点之间只需要具有相互关系，且这些关系有可供枚举的抽象属性即可。而感觉材料的一个集合便可达此目的，虽然我暂时还不知道具体怎么做到这一点，但我很确定它是可以做到的。

下文将引用由怀特海博士首创的例证法，以说明感觉材料是如何构造"点"的。为了便于大家掌握，我将其做了简化。首先我们发现不存在无限小的感觉材料。例如，我们可见的任何物体的表面，其面积必然是有限的。但在最初看来是一个整体的东西，只要仔细观察，常常能发现该整体能分割成其所包含的部分。因此一个空间对象是可以做到包含于另一空间对象之内并被其完全包含的。基于这种包含关系，我们通过一些非常自然的假设，便能把一个"点"定义为某种类型的空间对象，即那些自然而然会被认为包含这个"点"的空间对象（如最终结果所示）。我们下面就来一步步地讨论，以得出"点"的定义。

任意取一组立体或平面来看，在一般情况下，它们不会聚成一个点。但如果它们越变越小，而且其中任意两个立体或平面之间存在包含关系，那在它们逐渐变小的过程中，我们能认识到它们变小的极限便是成为一个点。而想要形成包含关系，必须满足以下几个假设：①包含关系必须能够传递。②两个不同的空间对象不可能互相包含，但一个单独的空间对象则总是包含其自身。③在任何一组空间对象中，如果至少有一个空间对象被它们所包含，那么所有这些对象就存在一个低限或最低限。也就是说，在这个极限的状态下，有一个被所有对象包含的对象，而该对象所包含着的全部对象同时又被所有对象所包含。④为防止例外，必须再加上一句话：确实有包含的事例，也就是说，确实有相互包含的对象。当一种包含关系具有这些性质时，我们就称之为"点生产者"。在任意一种包含关系中，如果有两个对象中的一个被另一个所包含，那么我们就称这组对象为"包含系列"。想要让一个包含系列能够聚集成一个点，就需要存在一个条件，该条件可以通过以下推导得出：假设有两个包含系列，第二个包含系列中的一些分子被第一个包含系列中的任一分子所包含，同时第一个包含系列中的一些分子也被第二个包含系列中任一分子所包含。在这种情况下，第一个包含系列就可称为"点包含系列"，而"点"即所有包含某一个"点包含系列"分子的对象。为了保证无限可分性，除了规定"点生产者"的那些属性之外，还要加上另一种属性，即凡是包含自身的对象也同时包含着一个异于自身的对象。如此，那些产生于"点生产者"，并具有这种属性的"点"，就是具备几何学意义的点。

（3）只要我们定义了私人世界，时间的问题就没空间的问题那么复杂了，我们可以比较清晰地看到如何用以上方法研究它。我们的意识并非只持续一个数学意义上的瞬间，而总是有一定的持续时间，不论它多么短促。即使有数学上的运动理论所假设的那种物理世界，对我们的感觉印象来说，这种感觉也不仅是一瞬间的事，因而我们直接接触到的感官对象，也不是一瞬间的事。因此，瞬间不属于经验材料。瞬间若要合理化，就必须通过推导或构造得出。因为想知道瞬间是如何被合理推导出来很难，所以我们只能选择认为它们是被构造出来的。那么，瞬间是如何被构造出来的呢？

　　直接经验向我们提供了不同事件之间的两种时间关系：同时发生和先后发生。这两种关系都是粗糙材料的组成部分。但是，这两种关系并不由事件本身确定，它们的时间顺序是我们的主观活动所附加的。在一定限度内，时间顺序与事件一样是被给予的。在任何一篇冒险故事里，你都可以找到下面这样的文字:"他带着冷笑,用左轮手枪指着这个无畏青年的胸膛。'数到三,我就开枪。'他说。他用清晰的声音冷静地说完了'一'和'二'。三就在他的唇边。就在这一刹那,一道令人目眩的闪电划破了长空。"这里我们看到了同时性,这种同时性并非像康德要我们相信的那样,是来自这个勇敢小伙子的主观心理,而是像左轮手枪和闪电一样是客观的。"一"和"二"这两个字先于闪电说出,但同样属于直接经验。此外,这些时间关系也适用于非严格意义上同时发生的事件。一个事件可能开始得比另一个事件早,因而先于另一事件,但是它可能在另一事件开始以后还在继续,因而两个事件同时进行。如果它在另一事件过去之后还继续发生,那么它又是后于另一事件的。如果我们讨论的是一个持续的有限时间(不论多么短促),那"先""同时""后"并非互不相容。只有在我们讨论某种转瞬即逝的东西时,它们才不相容。

进一步分析,我们将会发现,自己不可能给出所谓的"绝对日期",而只能给出由事件规定的日期。我们不可能指出某一时间的本身，只能指出在该时间发生的某件事。因此从经验角度看，我们没有理由去设想存在着与事件对立的时间，由同时性和连续性之间的关系所安排的事件，就是经验所能提供给我们的一切。因此，如果我们不想引进多余的形而上学实体，那么在给物理学中认为是一个瞬间的东西下定义时，就必须借助某种构造。而这种构造在事件及时间关系之外不做任何假设。

如果我们想借助时间来精确地指定一个日期，那应该怎么做？如果我们任取一个事件，是不可能精确指定日期的，因为这个事件的持续时间并非一瞬间，也就是说，它可能与两个不同时间发生的事件同时发生。从理论上说，要精确地指定一个日期，我们必须能确定是否有某一事件先于、处于或后于这个日期，并且必须明确其他任何日期不是先于就是后于这个日期，而不是与其重合的。现在我们不去假设存在一个事件 A，而是假设存在两个事件 A 和 B，并假定 A 和 B 部分重叠，但 B 先于 A 结束。那么一个与 A 和 B 同时进行的事件，必然存在于 A 和 B 重叠的这段时间。这样单独观察 A 和 B，我们就能更接近确切的日期了。设 C 是一个与 A 和 B 同时进行的事件，但先于 A 或 B 结束。那么 A 和 B 和 C 同时发生的事件，必然存在于这三者重叠的更短的时间。照此进行下去，我们取越来越多的事件，就能越来越精确地为一个与所有这些事件同时发生的新事件确定日期了。我们用这种方法可以十分精准地确定日期。

A_____

B_____

C_____

我们来试着选取一组事件，其中任意两个事件都是重叠的，因而它们全都存在于某段时间中（不论这段时间有多短）。如果存在任何与这些事件同时发生的事件，那么我们就将其添加到这一组事件中去。就这样不断增加，直到我们建立一个组，组外的任何事件都不和组内的任何事件同时进行,但组内的所有事件都同时进行。我们把这一整组定义为时间的一瞬。此外,它还具有我们对一个瞬间的设想应具备的那些性质。

我们认为瞬间应当具备什么性质呢?首先,它们必须构成一个序列,即任意两个瞬间中的一个必定先于另一个发生,而另一个必不先于前一个发生。如果一个瞬间先于另一个瞬间发生,另一个瞬间又先于第三个瞬间发生,那么第一个瞬间必先于第三个瞬间发生。其次,每个事件都必然处于很多的瞬间当中,两个事件如果处于同一瞬间,那这两个事件就是同时发生的,如果一个事件所在的一个瞬间早于另一事件所在的某个瞬间发生,那它就是先于另一事件发生的。最后,如果我们假定在任意一个事件持续的时间内总有某种变化在某处进行,那么这个瞬间的系列的内部就应当是紧密的。也就是说,随便挑出两个瞬间,在其间必定有另一些瞬间。那我们所定义的瞬间是否具备这些性质?

如果一个事件是构成一个瞬间的那组事件之一，我们就说它"处于"这个瞬间。如果构成这一组瞬间的事件中有一个事件早于构成另一个瞬间中那组事件中的某个事件，而不是与之同时发生，我们就说，这个瞬间先于另一瞬间发生。当一个事件早于另一事件发生，而不是与之同时发生时，我们就说它"完全先于"另一事件发生。因而现在我们知道，在两个非同时发生的事件中，必然有一个完全先于另一个发生。在这种情形下，另一个事件也就不可能完全先于这一个事件发生。我们还知道，如果一个事件完全先于另一事件发生，而另一事件又完全先于第三个事件发生，那么第一个事件就完全先于第三个事件发生。所以，从这些事实中我们不难推导出，（正如我们所定义的）瞬间是一个序列。

接下来我们必须指出，每个事件都至少"处于"一个瞬间。就是说，假设有任一事件，那就至少有一个如我们在定义瞬间时所用的集合，而这个事件是该集合的元素。为此，我们要考察一下与某一事件同时发生但不比其晚开始（并不完全后于与其同时发生的任何事物）的一切事件。我们将这些事件称为"初始的同时事件"。我们将会看到，假如完全晚于该事件某个同时事件的一切事件，都在它的某个"初始的同时事件"之后发生，那么这个事件的集合就是该事件存在的第一个瞬间。

最后，假定有两个事件，其中一个完全早于另一个发生，如果有一些事件完全晚于前者发生，而与后者的某个事件同时进行，那么这一时间序列就是紧密的。现实情况是否果真如此呢？这是一个经验问题。但如果现实情况不是如此，我们就没有理由去设想这个时间序列是紧密的了。

因此，无须假设任何可能引起争论的形而上学意义上的实体存在，我们对瞬间的定义，保证了数学层面的一切要求。

和点的情况一样，瞬间也可用包含关系来定义。当一个对象与另一个对象同时发生（而非早于或晚于其发生）时，那从时间上说，这个对象就被另一个对象所包含。凡是在时间上包含或被包含的东西，我们都称其为一个"事件"。为了使时间上的包含关系成为一个"点生产者"，我们就会要求：①它必须具备可传递性，也就是说，如果一个事件包含另一事件，另一事件包含第三个事件，那么第一个事件就包含第三个事件；②每个事件都包含其自身，但是如果一个事件包含另一个不同的事件，那么另一个事件就不包含这个事件；③假定存在任意一组事件，其中至少有一个事件被整组事件所包含，那么就存在一个事件，它既包含这组事件所包含的全部事件，又被所有这些事件包含；④事件的数量至少为一个。为了确保时间的无限可分性，我们还要求每个事件必须包含自身之外的一些事件。假定了这些特征以后，时间包含关系就成了一个无限可分的"点生产者"了。现在，通过选择这样一组事件，其中任意两个事件都符合一个包含另一个的特点，我们就能构成一个事件的"包含序列"。假定有任意一个别的包含序列，使得第一个系列的每个元素都包含第二个系列的某个元素,那这就是一个"点包含序列"。于是,一个"瞬间"就是指所有包含某一点包含序列的元素的那些事件的集合。

而把不同私人世界的时间相关联起来,产生一个在物理学看来无所不包的统一时间,是一件更加困难的事。在第三章中,不同的私人世界常常包含着互相关联的现象,常识会认为这些现象是属于同一个"事物"的现象。当不同世界中的两个现象相互关联,属于事物的一个瞬间"状态"时,人们就会自然地认为它们是同时发生的,从而提供一种能把不同私有事件相互关联起来的简单手段。但这只能看作一种初步的近似状态。接近声源的人和远离声源的人相比,会更快听到我们称为"声音"的东西,看到光也是如此(尽管程度较低)。虽然不同世界两个相互关联的现象是事物某个瞬间状态的组成部分,但在物理上不一定发生在同一时刻。为满足对物理学规律做尽可能简单陈述的要求,不同的私有时间相互关联,一些极其复杂的技术性问题也由此产生。但是从哲学的观点来看，这些技术性问题中并不包含极其困难的原则性问题。

上面的简述只是尝试和建议，其目的仅仅是指出一种方法。假定有一个世界，该世界同心理学家在感官世界中发现的世界具有相似的性质，那我们就有可能通过纯粹的逻辑构造给所谓粒子、点、瞬间的那些感觉材料的序列或集合下定义，从而利用数学合理地解释这个世界。如果这种构造能够实现，那么数学、物理学就可应用于真实世界，尽管事实上存在的实体中并没有所谓的粒子、点以及瞬间。

上文解释了一个很重要的问题，但这个问题的重要性乃至它的存在性，却由于文明世界对各学科的分类而不幸被掩盖了。物理学家不仅对哲学懵然无知，而且鄙夷不屑。他们在实践中对粒子、点、瞬间的假设沾沾自喜，还以一种带有讥讽的"谦虚"态度认为这些概念还不够被称为形而上学。形而上学家只对"心灵是唯一实在"的唯心主义观点和巴门尼德关于"实在不变"的观点着迷，反复地讲物质、空间、时间概念中的矛盾,因此他们必然不会努力去创造一套关于粒子、点、瞬间的可信理论。心理学家在解释未经处理的感觉所提供的粗糙材料的杂乱性质上,做过很有价值的工作,但他们全然不懂数学和现代逻辑,因而满足于说物质、空间、时间是"理智的构造"。他们既不尝试详细指出理智是如何构造它们的,也不尝试详细指出物理学所说的"实际有效性"为何物。人们期待哲学家最终能意识到,不具备一点逻辑、数学、物理学的知识,是无法在这类问题上取得任何扎实成果的。但是由于缺乏具有这些必备知识素养的学者,所以这个至关重要的问题至今仍无人触碰,也无人知晓。

确实有两位作家兼物理学家曾做过一些工作,虽然做得不多,但是让人们认识到研究这个问题的重要性。这两位作家就是庞加莱[1]和马赫[2]。庞加莱所

---

1 指亨利·庞加莱,法国数学家、天体力学家、数学物理学家、科学哲学家。

2 指恩斯特·马赫,奥地利物理学家、心理学家和哲学家。

著的《科学与假设》与马赫所著的《感觉的分析》都对这个问题进行了研究。但在我看来,他们的著作虽然值得敬佩,却受到了普遍哲学偏见的影响。庞加莱笃信康德,马赫又是个极端经验主义者。所以在庞加莱看来,物理学中的数学部分,几乎全部都是约定俗成的。而在马赫看来,作为心理事件的感觉,同其作为物理世界一部分的对象是同一个东西。但无论如何,这两位作家,特别是马赫,对我们的问题曾做出了重大贡献,因而值得一提。

点或瞬间,一旦被定义为可感性质的集合,就会给人留下荒唐的第一印象,会被认为是诡辩。这种看法有一定道理。但是,当我们给数下定义的时候,情况也是如此。因为有整整一类问题都下这样的定义,而且给人的第一印象都是诡辩。假定有一组对象,其中任意两个对象都有"对称和传递"这类关系。那么几乎可以肯定,我们最终会认为它们全都具有某种共同的性质,或者和这一集合之外的某个对象有同样的关系。这类情况很重要,因此哪怕不得不重复先前的定义,我也要努力对其加以阐明。

如果一个项和另一个项有一种关系,并且另一个项和这个项也具有这种关系,这样的关系就被称为"对称"关系。因此"兄弟姐妹"是一种"对称"关系:如果某人是另一个人的兄弟或姐妹,那么另一个也是这个人的兄弟或姐妹。"同时"也是一种对称关系,"同样大小"也是如此。此外,如果一个项跟另一个项存在一种关系,另一个项同第三个项也存在这种关系,那么第一个项跟第三个项亦存在这种关系,这种关系被称为"传递"。而刚刚提到的这些对称关系都是传递关系,例如,在"兄弟或姐妹"的情形中,假定还有第三个人是某人的兄弟或姐妹。又比如,在同时的情形中,假定我们指的是完全同时,即同时开始并同时结束。

但有很多关系是传递关系而非对称关系。例如,像"大于""早于""在其右侧""某人的祖先"这样的关系。事实上,所有形成系列的关系都是传递关系而非对称关系。另外,有些关系则是对称关系而非传递关系。例如，任何方面的差异。如果A与B年龄不同，B与C年龄不同，这并不能推出A与C年龄不同。对一个持续了有限时间的事件来说，如果同时仅指两个事件重叠，那么同时关系不一定是传递关系。如果A刚好在B开始后结束，B刚好在C开始后结束，那从这个意义上讲，A和B同时，B和C也同时，但是A和C很可能不是同时。

凡可以自然表示为在任何方面相等或具有共同性质的关系，都是传递关系和对称关系，比如具有相同高度、相同重量或相同颜色的关系，皆属此类。基于具有共同性质会产生传递对称关系这个事实，我们就能设想一定是某种共同性质产生了这种关系。就像"同等数量"是两个集合间的传递对称关系。因此，我们设想两个集合具有一种共同性质，这种性质被称为"数"。"存在于某一瞬间"（就我们所定义的瞬间而言）是一种传递对称关系。因此，我们设想存在这样一个瞬间，它赋予存在于此瞬间的一切事物以共同性质。"为某物的状态"也是传递对称关系。

因此，我们设想，除了一系列"状态"之外，还确实存在一个"物"，才使这种关系成为传递对称关系。那么在所有这些情形中，对某个项具有某种传递对称关系的这些项就能满足这些元素的共同性质在一切形式上的必要条件。既然这个项是确定存在的，那任何其他共同性质都可能是虚假的。因此，为了避免不必要的假设，用这个项代替那些通常被假定的共同性质才是周全的做法。正因如此，我们采用了上述定义，也正因如此，才产生了那种类似诡辩的观感。如果真有语言所假定的这样一些共同性质存在，也无妨，因为我们并未否定它们，而只是不断言它们存在。但如果根本不存在这样的共同性质，那这种方法就可以确保我们无误。因此，既然缺少同此相关的特定知识，那么我们所采用的这种方法就是唯一可靠的方法，也唯有这种方法能避免引入虚构的形而上学实体。

第五章

论原因概念及其在
自由意志问题中的应用

第五章　论原因概念及其在自由意志问题中的应用

在前几章中，我们说明了哲学分析的本质，现在可以对其做一般的阐述了。我们先来谈一下构成我们所谓"材料"的普遍知识。经过考察，我们发现这些材料不仅复杂、含糊，而且在逻辑上大多是相互依存的。通过分析我们将其转化、归结为尽可能简单明确的命题，并通过演绎将其组织起来。其中有一些初始命题是其他所有命题的逻辑前提。这些初始命题即这一系列普遍知识的前提，因此前提和材料区别很大。前提更为简单，更为明确，更少带有逻辑上冗余的成分。如果进行彻底分析，那么这些前提就会完全摆脱逻辑冗余，达到彻底明确的状态，而且非常简单，并与其所推导出来的知识在逻辑上毫不冲突。发现这些前提的工作，属于哲学范畴；但是如果给"数学"赋予较为宽泛的定义的话，从这些前提推导出一套普遍知识体系的工作则属于数学范畴。

但是，除了按照逻辑来分析构成材料的常识外，我们还要考察其确定程度。当得出前提时，我们会发现其中有一些确定性存疑，我们还会发现，依赖于这些可疑前提的原始材料也是可疑的。例如，在第三章中，我们已然看到物理学有些部分依赖证据，故而依赖他人心灵（而非我们自己的心灵）存在的那部分似乎不如我们凭借自己的感觉材料和逻辑规律的那部分更确定。与此类似，人们常常觉得在几何学中，依赖于平行公理的那些部分不如不依赖于这一前提的那些部分更确定。从一般意义上说，我们通常认为是知识的东西并不统统具有相同程度的确定性，并且当我们对前提展开分析时，所得结论的确定性也取决于证明过程中所用到的最可疑的前提的确定性。因此，对前提展开分析不只是为了达到逻辑目的，而且有助于评估各种派生信念的确定性。鉴于人的一切信念都可能有误，那这类分析的重要性至少能和纯逻辑在哲学分析中的重要性相媲美。

第五章 论原因概念及其在自由意志问题中的应用

在本章中,我要把分析法运用于"原因"的概念之中,还要将其运用于自由意志问题,从而展开讨论。为了达到上述目的,我将探讨以下问题:(1)何为因果律;(2)因果律迄今一直有效的证据是什么;(3)因果律在将来仍会有效的证据是什么;(4)如何区别科学上所应用的因果性和常识、传统哲学上的因果性;(5)对"原因"概念的分析为自由意志问题提供了什么新见解。

(1)我所谓的"因果律",是一个一般命题,因为该命题有可能由其他命题或其他许多命题推导出一个事物或事件。就像如果你听到雷声而没有看见闪电,但根据"闪电先于雷声"这一一般命题便可推出闪电的存在。尽管你没有看到,但还是有闪电的。当鲁滨逊·克鲁索看见一个脚印时,他推断岛上有人,而且根据"地面上形状如人脚的一切印记都是有人在这些印记处站立过的结果"这一一般命题,可以证明他的推论是正确的。看见太阳落山,我们就推断出明天太阳会再度升起。我们听见一个人在说话，就推断他具有某些思想。所有这些推论都是基于因果律而得出的。

我们说，因果律使我们能从一个或多个事物（或事件）推导出其他事物（或事件）。此处"事物"一词应理解为仅适用于特殊对象，即不包括数、类、抽象性质和关系之类的逻辑对象，但包括感觉材料以及与其同类的所有东西。就因果律可直接得到证实而言，其所推导出的事物和推论所凭借的事物必然都是材料，即使它们并不需要同时都是材料。事实上，我们用以扩展对存在事物知识范围的因果律，必然适用于此刻并不是材料的东西。而因果律的实际效用就在于实现这种应用的可能性。就我们当前的目标来说，重点在于被推导出来的东西是一个"事物"，一个"特殊现象"，一个具有感官对象实在性的对象，而不是诸如"美德"或"2 的平方根"之类的抽象对象。

但是，我们想要对因果律有亲身体会，就必须依靠一个被实际给予的特殊现象。因此，由因果律推

第五章 论原因概念及其在自由意志问题中的应用

导出来的特殊现象只能用相对精确性的语言来描述，除非该推论已经得到证实，否则是无法命名的。再者，正因为因果律是普遍的，可应用于许多事例，所以我们进行推导所依靠的那个特殊现象必然是因为具备某种普遍的特征，而并不仅仅是因为这个特殊现象本身，才让推导成立。前面所举的一切例子明显都符合这一点。我们从雷声推导出自身没有感知到的闪电，并非根据雷声的任何特性，而是根据此次雷声与其他雷声的相似之处。因此因果律必须说明某一类事物中的一个事物（或许多特定种类事物中的特定事物）的存在暗含着与之相关的另一事物的存在。并且只要前者属于所讨论的这类事物，它就保持不变。

此外，应当指出，因果律中恒定的东西不是被给予的一个或一些对象，也不是被推导出来的对象（这两者都可在很大范围内变化），而是被给予的东西与被推导出的东西之间的关系。"同因同果"这一原则有时被说成是因果性的原则，但是这个原则的范围比科学上实际遇到的原则要窄得多。的确，严格来说，正因为"相同的"原因绝对不会重现，所以该原则根本就没有范围。关于这一点，我们稍后再讨论。

被推导出来的特殊现象，可能由因果律单独决定，也可能仅仅是由一些能够描述许多不同特殊现象的一般词句描绘得出。这取决于因果律所断定的恒定关系是只有一个词句能与材料产生关系，还是许多词句都能与材料产生关系。如果许多词句都能与材料产生关系，那么除非找到某种更为严谨的规律使我们能毫不含糊地确定被推导出来的事物，否则是无法满足科学要求的。

所有已知事物都存在于时间之中，因此，因果律必须考虑到时间关系。陈述被给予的东西和被推出的东西之间的接续或共存关系，将成为因果律的一部分。当我们听到雷声并推导出有过闪电，此时的因果律就是说明被推出的东西早于被给予的东西。反之，我们看到闪电并等待雷声到来，此时的因果律

第五章　论原因概念及其在自由意志问题中的应用

就是说明被给予的东西早于被推出的东西。当我们从一个人的话推出他的想法，此时的因果律就是说明这两者是（至少几乎是）同时的。

如果要让因果律达到科学所要求的精确性，就一定不能满足含糊的早于或晚于，而必须指出早多少或晚多少。这就是说，被给予的东西与被推出的东西之间所存在的时间关系应当是可以被精确描述的。我们所做的推论，通常会因为时间间隔的长短和方向而有所不同。"一刻钟以前这个人还活着，一小时之后他就会变得全身冰冷了。"这样的陈述包含两个因果律，一是从一个材料推出一刻钟以前存在的某种东西，二是从同一个材料推出一小时以后将会存在的某种东西。

因果律所涉及的材料常常不止一个，而是会涉及许多。这些材料不必同时发生，但它们的时间关系必须是确定的。因果律的一般形式如下：

"一些事物只要借由某种相互关系（其中必定包括它们的时间关系）出现，随之便出现另一个与其具有固定关系的事物,而该事物的出现日期也是固定的,并且与那些事物出现的日期有关。"

实际上,这些被给予的事物不会仅存在于瞬间,因为存在于瞬间的事物(如果确实有这样的东西)绝不可能是材料。被给予的事物每一个都会占据一定(有限的)时间。它们也许不是静态的事物,而是过程(尤其可能是运动)。而我们在前面的章节中讨论过运动在什么情况下可能是材料,此处无须重述。

被推导出的对象是否晚于某些材料或一切材料,这对因果律来说并不重要。它同样可能早于某些材料或与某些材料同时发生。因果律的重点只有一个:该规律应当使我们能够根据材料推导出存在一个多少能够精确描述的对象。

(2)现在谈第二个问题,即迄今为止,至少在过去所知道的那部分时间里,因果律成立的证据有何性质?千万别把这个问题同另一个问题相混淆——这个证据能否让我们得以假定因果律在将来和过去未知的时间里也是真的?现在,我只是在问相信因

第五章 论原因概念及其在自由意志问题中的应用

果律的依据是什么,而不是问这些依据是否足以用来证明我们对普遍因果性的信念。

第一步就是找出事物接续或共存所具备的近似不可分析的一致性。诸如闪电之后有雷声,挨打后感到疼痛,靠近火炉后感到温暖的持续性。另外还有共存的一致性,例如,触觉和视觉、喉咙的某种感觉与人们所发出的声音之间共存的一致性。每一种这样的接续或共存的一致性得到一定次数的验证之后,人们就会产生一种期望,认为这种一致性在未来将会重复出现。也就是说,在一个相关事件发生的地方,也会出现另一个相关事件。经历过的过去的一致性和对未来的期望之间的联系,只是那些迄今观察到是真实的持续一致性规律的其中之一。这为所谓"动物式因果信念"提供了一种心理学解释,因为这种信念从马和狗身上也能看到,但这是一种行为习惯,而非真正的信念。至此我们不过是在重复休谟的观点,他讨论原因时提到过这一点,但显然还有很多东西尚未涉及。

事实上，是不是真的存在这样一种可称为因果性或一致性的特征，对整个已知过去都是有效的呢？如果存在，我们又该如何对其进行阐述呢？

我们在前文提到的各种一致性（如闪电之后有雷声）也存在例外情况。有时我们看到了闪电但没有听到雷声。在这种情况下，我们会觉得如果离闪电更近的话就能听到雷声了，但这只是根据理论所做出的设想，不能用来证明理论。不过，科学经验似乎表明，我们能够在一种已知的一致性失效的地方发现一种更宽泛的一致性，这种一致性能容纳更多情况，把先前的一致性中有效和无效的部分都囊括其中。就像除非是气球或飞机，否则在空中没有支撑的物体一定会掉下来。但是，力学原理描述的，是既适用于落体也适用于气球和飞机的一致性。而力学所断定的一致性有许多假设的、或多或少是人为的部分，因为不这么做，这些部分就不能为人所用，那些没有观察到的物体都是为了说明已经观察到的各种特性而推导出来的。然而，通过经验我们可以得出一

第五章 论原因概念及其在自由意志问题中的应用

个事实,即这类物体尽管是假定的,但依然可能符合规律,而只要这些物体能通过观察获得,我们就坚决不会去假定它们。因此,我们可以承认力学规律能通过经验被证实。尽管如此,我们也必须承认这种证实有时并不像设想的那样完满和成功。

我们现在来假设整个过去都是按照不变的规律进行(但也必须承认,这一假设并不可信),那么对这些规律的性质我们能说些什么呢?它们不会像断言相同的原因永远产生相同的结果那么简单。我们可以将引力定律作为得到毫无例外证明的那类规律的范例。为了以一种可由观察来证实的形式陈述这一定律,我们将其限定在太阳系范围内。因此,这个定律陈述的是:行星及其卫星在每一瞬间的运动都存在一个趋向太阳系中所有其他物体的诸多加速度合成的加速度,这个加速度与这些物体的质量成正比,与它们的距离的平方成反比。根据这个定律,对于任意一段有限时间(不论其多么短暂)内太阳系的状态,如果不考虑引力之外的其他的力或太阳系之外的其他物体，那么这个状态在前后的所有时间上都是确定的。但是，从当今科学所能观察到的范围来看，其他的力似乎同样是有规律可循的，而且也可以仅凭因果律来概括。如果对物质的力学解释是完备的，那么我们就能从足量的涉及一段特定有限时间（不论其多么短暂）的材料中推导出宇宙的过去和未来的全部物理过程。

在心理世界中，因果律普遍性的证据没有物理世界中充分。心理学不能自诩拥有任何能与引力天文学相媲美的成就。但是，心理世界中的证据数量与物理世界中的证据数量相比也没有少很多。正如在物理领域中一样，我们在心理领域中也很容易发现科学起步所凭借的那种粗糙而近似的因果律。在感官世界中，先有视觉、触觉等感觉之间的相互联系以及使我们把各种感觉与眼、耳、鼻、舌等感觉联系起来的事实，接着才有与我们意志相对应的身体运动这类事实。虽然也有例外情况，但是就像悬在空中的物体会掉落下来的规律也有例外一样，也是能讲清

第五章　论原因概念及其在自由意志问题中的应用

楚的。事实上,心理学上的因果律证据虽然没到能使心存疑虑的研究者解除一切疑虑的程度,但可以保证心理学家有充分的依据假定其是理所当然的。应当指出,在因果律中,有由心理上给定的词句推出物理上词句的那类因果律,也有与之相反由物理词句推出心理词句的另一类因果律,这两种因果律和给定与推出词句都是心理的那类因果律一样容易发现。

尽管我们已经谈到了因果律,但你们会注意到至今尚未提及"原因"一词。现在我们正好针对这个词来讲讲它合理和不合理的使用。在对世界进行的科学解释中,"原因"一词仅属于遥远年代,当时人们探知了一些小范围适用且初步近似的通则,并以此为基础,得出适用范围更大、更为恒定的规律。就像只要我们还不了解产生"砒霜毒死人"这一结果的确切过程,我们就可以说:"砒霜是致死原因。"但是在足够先进的科学中,任何对恒定规律的陈述都不会包含"原因"这个词。不过,对"原因"一词笼统模糊的用法也许会保留下来。因为那些前科学时代所运用的近似一致的概念,除了极少数例外,在一切情况下都是真的,或者说在一切实际发生的情况下都是真的。在这类情况中,若能把先前发生的事件称为"原因",之后发生的事件称为"结果",这确实很方便。从这个意义上说,且仅从该意义上说,当我们谈到某个事件是由另一个事件"导致"时才会使用"原因"和"结果"。为了避免烦人的絮叨,我们有时必须这么做。

(3)现在来谈第三个问题,即我们能提出什么理由来相信因果律在将来以及未经观察的过去中也成立呢?

我们讲到了迄今为止人们已经观察到了一些因果律,而有一个观点,同我们所拥有的一切经验证据都不抵触,即无论是心理还是物理的事物,就我们的观察而言,都是遵照因果律发生的。这些事实所体现的普遍因果律可描述如下:

"在同时或不同时发生的不同事件之间存在某种恒定不变的关系,因而在任何有限时间(不论其多么短暂）内的宇宙中，每个先发生和后发生的事件从理论上说都可以将其规定为这段时间内某些事件的函数。"

我们有没有理由相信这个普遍规律？或者换一种更审慎的问法：我们是否有理由相信某个特定的因果律（如引力定律）在将来仍然成立呢？

在观察到一致性之后，人们会期待其重新出现，这也是一个为人所知的因果律。一匹马总被车夫赶着在某路上走，它就会期待还被赶着在那条路上走；一只狗总在某个时间得到喂食，它就会在那个时间而不在别的时间期待食物的到来。正如休谟指出，这种期待只能用来解释常识对前后连续的一致性的信念，但是对未来的信念来说，绝没有提供任何逻辑依据。甚至对期待继续经验已经验证过的一致性也没有提供任何逻辑根据，因为这种期待也正是一种我们需要为之寻找根据的因果律。如果休谟对因果律的解释就是定论，那么我们不但没理由假定太阳明天会升起，而且也没有理由假定五分钟后我们依然会期待太阳明天会升起。

当然，人们也许会说，关于未来的一切推论从事实上说都是不成立的。对于这种观点，我不知道如何反驳。但是，在承认这种观点合理的同时，我们至少可以来探讨一下：如果关于未来的推论成立，那么在做出这种推论时必然包含的原则是什么？

此处所包含的原则就是归纳原则，如果该原则为真，那它必定是一个不能由经验证实或证否的先验逻辑规律。如何表述这一原则很难，但若要用归纳法证明我们的推论是正确的，就必然会引出下面这一命题：如果在大量的事例中，某类事物与另一类事物存在某种形式的联系，那么这一类事物同另一类事物之间很可能总是有类似的联系。随着事例数量的增多，这种联系的或然性就会无限接近于确定性。人们可能会问：这个命题是不是真的？但是如果我们承认它是真的，就可以推导出全部已知过去的所有特征很可能都适用于未来和未知的过去。因此，如果这个命题是真的，它就能保证我们刚才所做的那

第五章 论原因概念及其在自由意志问题中的应用

个推论的真实性——因果律可能在过去和未来任何时候都是成立的。但是,如果没有这个原则,那么通过因果律所观察到的事例就不可能给未被观察的事例提供任何推测,因而就不可能正当地推出未被直接观察到的事物的存在。

因此针对并非直接给予的事物之存在的一切推论,其根据是归纳原则而非因果律。有了归纳原则,这种推论所需要的一切都可以得到证明;没有归纳原则,所有这类推论都无法成立。这个重要的原则一直没有得到相应的关注。对演绎逻辑感兴趣的人自然会对其视而不见,而注重归纳应用范围的那些人则想要维持一切逻辑皆基于经验的观点,因而不能期望那些人会认识到自己视若珍宝的归纳原则本身也是需要逻辑原则的。但该逻辑原则显然不可能依靠归纳原则去证明,因此如果它是可以认识的,那它必然是先验的。

我认为,任何了解因果律复杂性的人,都不会认为因果律是先验的。从"万事皆有因"这种陈述来看，因果律似乎很简单。但是一经考察，"原因"就渐渐消融于"因果律"之中了，而"因果律"的定义则一点都不简单。如果"一个事物的存在能推出另一个事物的存在"这一推论能够成立，那其中必然包含着某种先验原则。但从以上分析来看，这个原则应当是归纳，而非因果。如果我们的讨论是正确的，那么从过去推出未来是否成立就完全取决于归纳原则。如果归纳原则是对的，这种推论就成立；如果是错的，那这种推论就不成立。

（4）现在我来谈一下上面所得出的因果律概念与哲学和常识上传统"原因"概念的关系问题。

在历史上，"原因"这一概念一直与人类意志的概念相联结。国王的命令就是一种典型。人们认为原因是"主动的"，结果是"被动的"。因此不难设想，"真实的"原因必然包含对结果的某种预见。这样一来，结果就变成原因所追求的"目的"。于是在对自然的解释上，目的论代替了因果律。但所有这样的观念在物理学上都不过是拟人化的迷信。马赫和其他

第五章　论原因概念及其在自由意志问题中的应用

一些人极力主张纯"描述性"的物理观，正是要反对这些错误。他们认为，物理学旨在告诉我们事物"如何"发生，而非"为何"发生。如果"为何"这个问题是要寻找现象发生所依据的普遍规律，那么，这个问题通过物理学肯定得不到解答，连问都不该问。从这个角度讲，描述性观点无疑是正确的。但在利用因果律支持从已观察到的东西推出未观察到的东西的推导过程中，它就不再是纯粹描述性的了。正是这些规律成了传统"原因"概念中能在科学中被应用的部分。因此，在这个概念中有需要保存的某种东西，只不过在传统形而上学通常假定的东西中占比非常小罢了。

要了解科学所应用的原因与我们自然想象的原因之间的区别，须努力区别过去与未来的一切因素。此事极为困难，因为我们的心理生活同"差异"密不可分。在我们对过去和未来的感觉上，记忆和希望造成了一种差异，我们的词库几乎充满了主动观念——未雨绸缪的观念，甚至一切及物动词都包含主动原因的概念,若想要消除这个概念,就必须使用某些烦人冗长的词语来表达。

请思考下面这句话:"布鲁图杀死恺撒。"在其他情况下,吸引我们注意的可能是"布鲁图"和"恺撒",但是现在我们要仔细思考的则是"杀死"。我们可以说,杀死一个人是故意导致他死亡。也就是说要某人死亡的欲望是导致某种行为的原因,因为我们相信这种行为会导致某人死亡。或者更精确地说,导致这种行为的原因是欲望加上信念。布鲁图希望恺撒死,并且相信他被刺就会死。因此布鲁图用匕首刺恺撒,正如布鲁图希望的,而"被刺"是恺撒的死因。任何实现目的的行为都包含这样两个因果的步骤:C是欲望的结果,而且人们相信(如果这个目的真正达到了的话)B将是C的原因。这种欲望和信念共同成为B的原因,而B又转化为C的原因。于是首先就要有A,即对C的欲望,也是对B(一种行为)会导致C的信念;然后就有了B,它源自A,也被认为是导致C的原因。所以,如果这个信念是正

第五章 论原因概念及其在自由意志问题中的应用

确的,我们就得到了 B 所导致的 C;如果这个信念是不正确的,我们就会失望。从纯粹科学的观点来看,A、B、C 这个序列同样可以从相反的顺序来考察,验尸就是如此。但是从布鲁图的观点来看,使这一整个序列变得有趣的是最初的欲望。如果他的欲望是不同的,那就不会产生那个实际上已经发生的结果了。最初的欲望是真实的,并且这给了他一种权力和自由感。如果这些结果未曾发生,那么他的欲望就应该是不同的,因为这些结果之所以发生正是由于他怀有这样的欲望。因此欲望是由结果决定的,正如同结果是由欲望所决定的一样。但是我们一般不可能事先知道欲望导致的后果,也不知道欲望本身是什么,因此把这种形式的推论用于我们自身的行为并无实际意义,但用于他人的行为则至关重要。

从科学角度看,不能把原因与意志做类比,因为这种类比会让我们认为结果是被原因逼迫而来的。一个原因是具有某种已知一般特征的一个(或一组)事件,该(组)事件与其他某个事件(结果)存在一种已知的关系——只有一个事件（或不论如何只有一类确定的事件）能与一个给定的原因有关系。我们习惯只把原因之后的事件称为"结果"，但做出这样的限制是没有任何依据的。承认结果先于原因或与原因同时发生更为合适，因为具有任何科学重要性的东西之所以重要，并不因为它在原因之后。

如果从原因到结果的推论是毋庸置疑的，那原因就似乎不得不涉及整个世界。只要漏掉任何一个东西，就可能会漏掉能使预期结果发生改变的某种东西。但是就实际、科学的目的而言，现象可以集合为在因果关系上独立自足或近乎独立自足的群组。按照通常的因果性概念，原因是一个单独事件，例如我们说闪电是雷声的原因。但是我们很难了解所谓单独事件究竟是什么意思。一般来说，为了对结果产生接近确定的认识，似乎就必须把超越非科学常识所能预见范围的情况包含在内。但是原因比较简单的或然因果联系常常比原因比较复杂又难以确定的明确无疑的因果联系在实践领域更具价值。

第五章 论原因概念及其在自由意志问题中的应用

总而言之,哲学家所说的那种严格、确定、普遍的因果律是一种理想化的、可能为真的规律,但由于缺少有效证据,我们不认为它是真的。对一个实证科学的事实来说,我们实际知道的是:我们观察到一组事件中的各个元素之间在一定时间内具有某种恒定关系,而当这种关系没有形成时(有时会有这种情况),我们通常能通过扩大这组事件的范围来发现一种新的恒定关系。而具有给定时间间隔的特定种类事件之间的恒定关系,就是"因果律"。但只要原因并未包含世上全部情况,那不论何种因果律都可能会有例外。根据大量经验,我们相信可以通过扩大所谓"原因"的群组来处理这种例外。但是这种信念只要未经证实,都不应看作确实可靠的,只能看作是对进一步探讨方向的建议。

意志和与之相对应的身体动作,是一组极为常见的因果关系。不过,(打个比方)突然中风是例外。身体动作与实现这种动作的目的之间的关系是另一组非常常见的因果联系(尽管例外更多)。因为这些联系显而易见,而欲望的原因则比较晦涩难解。因此人们自然而然地把欲望作为因果链的开端,认为一切原因都和欲望相差无几,而欲望本身则是自发的。不过,任何严谨的心理学家都不会认同这样的观点,于是我们便被引向一个问题,即如何把对原因的分析运用到自由意志。

(5)自由意志问题与因果性分析之间的联系如此紧密,即使这个问题由来已久,但我们也不必失望,认为不可能借助有关原因概念的新观点得到解决该问题的新启示。虽然自由意志问题曾经时不时地激起人们的热情,而且担心意志并非自由曾让一些人忧虑不已。但我相信,通过冷静分析,我们可以发现有关意志的疑难问题在情感方面的重要性并没有如人们想象的那样大,因为人们本以为否定自由意志会带来不愉快的结果,但其实按照理性对自由意志做任何形式的否定并不会带来不愉快的结果。然而,我之所以想讨论这个问题,并非主要出于这个原因,而是因为它是一个很好的例子,可用来说明

第五章 论原因概念及其在自由意志问题中的应用

分析的阐明作用以及不做分析可能会导致无休止的争论。

我们先来尝试找出自己在寻求自由意志时真正寻求的东西。我们寻求自由意志的理由有很多，有些意义深远，有些微不足道。先来说说前者：虽然我们不想有被命运掌控的感觉，但结果往往是不论我们多么想求得一个事物，却总是在一种外力的胁迫之下转而寻求另一个事物。无论我们多么想把事做好，遗传和周围环境都可能迫使我们把事情搞砸，而这是我们想都不愿去想的。所以我们希望在感到不确定的时候，自己的选择举足轻重，而且自己有能力做出选择。但是，除了这些可敬的愿望之外，还有一些并不太值得尊敬的愿望，同样驱使我们寻求自由意志。我们不愿意去想如果别人对我们足够了解，是否就能预见我们的行为。尽管我们知道自己常常能够预见别人，尤其是老人的行为。例如，有一位邻居是个老绅士。虽然我们很尊敬他，但我们知道，一提到松鸡，他就会讲他家藏枪室里那只松鸡的故事。但我自己不会像他那样刻板,从不会把一桩奇闻趣事对同一个人讲两遍。如果不能肯定他喜欢听,甚至一遍都不会讲。比如,尽管我们曾经见过俾斯麦,但是我们完全能在听别人提到他的时候不讲自己遇到他的事。从这个意义上说,尽管人们知道没人拥有自由意志,但他依然会认为自己拥有自由意志。寻求这种自由意志大概是虚荣心作祟罢了。我不相信这种欲求确实能得到满足。但我认为另一种较为值得尊重的欲求,无异于一种可靠的决定论。

从而,有两个问题需要我们思考:(1)从理论上说,能否根据充足的前提条件预见人的行为?(2)人的行为是否受外力的支配?下面,我会试着阐明这两个问题是截然不同的,对第一个问题我们可以给出肯定的回答,但并不是说我们也要对第二个问题给予肯定的回答。

(1)从理论上说,能否根据充分的前提条件预见人的行为?我们尽量对这个问题进行精确的表述。因此,我们可以这样来表述这个问题:一个行为与先

第五章 论原因概念及其在自由意志问题中的应用

前发生的一定数量的事件之间是否存在某种恒定的关系,以至于在给出先前发生的事件的情况下,只有一个行为或至多只有具有某些明显特性的行为和这个先前发生的事件存在这种关系?如果情况确实如此,那么只要了解了这些先前的事件,从理论上说,就有可能预见某个特定行为,或者至少可以预见该行为能满足这种恒定关系所必须具备的特性。

但柏格森对这个问题给出了否定回答,他质疑了因果律的普适性。他主张,每个时间(特别是心理事件)都包含着太多过去,以至于不可能在更早的时间发生,因此必然与所有以前和以后的事件大不相同。例如,如果我把一首诗读了好多遍,我每次读诗的感受都会受到先前阅读的影响,所以我的情感绝不可能完全重复。在他看来,因果性原则断言同一原因如果重现,将产生同一结果。但他主张,由于人有记忆,所以这个原则不适用于心理事件。显然,同一原因如果重现,则单单重复事实就会对其产生影响,使它不可能产生一样的结果。他推论说,每个心理事件都是真正意义上的新事件，无法从过去预见，因为过去并不与该心理事件完全相似，只是借助我们能够想象之后事件的东西得出推论。根据这个理由，柏格森认为意志无疑是自由的。

柏格森的论点确实含有大量真理，我不想否认它的重要性，但是，我认为他论点的结果并不如他所预想的那样。决定论者不一定要主张自己能预见将要实施行为的全部详情。如果他能预见 A 要杀 B，那么他这样的先见之明不会因为他不知道 A 杀人时极其复杂的全部心理状态，或不知道 A 是要用刀还是用左轮手枪行凶而失败。如果这类将要实施的行为能在小范围内得以预见，那存在一些无法预见的细节便没有什么实际意义了。就像老绅士每次讲述藏枪室里松鸡的故事，听众由于对该故事越来越熟悉，每次感受都会有所不同，但这些不同的感受并不会让人们无法预见到这个故事将被再次讲述。所以柏格森的论证，丝毫没有表明我们绝不可能预见有一类行为将被实施。

第五章 论原因概念及其在自由意志问题中的应用

此外,柏格森对因果律的陈述也不充分。因果律不仅仅指如果同样的原因重复出现,就会产生同样的结果。相反,因果律是指在一定种类的原因与一定种类的结果之间具有一种恒定的关系。例如,若有一个物体自由下落,则该物体下落的高度和下落的时间之间具有一种恒定的关系。为了能预测一个物体下落所需要的时间,我们无须让该物体从先前观察过的同一高度下落。如果一定要这样,那什么预见都无法做出了,因为要在两个不同的场合使高度达到完全相同是不可能做到的。同样,因为我们知道太阳对地球的引力与两者之间距离的平方成反比,所以,我们不仅可以在先前无法观测的距离上算出太阳对地球的引力,还可以算出任何距离上太阳对地球的引力。事实上,我们发现一直在重复的是原因和结果之间的关系,而非原因本身。原因所需要的全部条件是其与已知结果的那些原因在相关性方面属同一类别。

柏格森对因果性的陈述还有一点不恰当,即假定原因必然为一个事件,但实际上原因可以是两个或更多的事件,甚至可以是某个连续的过程。这里讨论的实质问题是:心理事件是否由过去决定。例如我把一首诗读上几遍,显然当下读诗的感觉大部分取决于过去的经验,但不取决于过去的一个单独事件。而我们以往每次读诗都必须归于原因之中。我们很容易就能发觉这当中蕴含着某种规律,按照该规律,随着读诗次数的增加,结果也会有所不同。事实上,柏格森自己也暗暗假定了这样一种规律。最后,由于我们知道再读下去必然索然无味,所以最终决定不再读诗。也许我们并不知道关于最后索然无味的结果的一切细枝末节,但是我们对于如何做决定心中一清二楚。而且再读下去必然会觉得索然无味的预知从一定程度上来说多少是正确的。因此,柏格森依据那些类别的事例,并不足以证明预见不具备的实际或情感的重要性。因此我们可以将他的论点放到一边,单刀直入地讨论问题。

从理论上说,根据因果律我们可以通过先前的

第五章　论原因概念及其在自由意志问题中的应用

事件预知后来的事件，人们常常认为这种因果律是先验的，是思想的必然结果，是科学不可或缺的范畴。但在我看来，这些说法言过其实。在某些方面，因果律曾为经验所证实，并且在另一些方面，也没有确凿的证据能够否定它。所以科学可以在已经发现为真的地方运用因果律，但是不必强迫假定因果律在其他领域也为真。因此，我们不能认为因果律一定可以应用于人的意志这一点具有先验的确定性。

人的意志究竟在多大程度上受因果律支配，这是一个纯经验的问题。从经验角度看，我们的意志显然大都是有原因的，但是我们不能据此断定人的一切意志都必定是有原因的。然而，正如我们有理由认为物理事件事出有因一样，我们也能凭相同的理由认为一切意志也可能都有原因。

我们可以假设（虽然疑点重重），存在一些关于心理之物和物理之物相互联系的规律。从这些规律出发，就能知道世界上一切物质的状态，包括一切大脑和有机生命体的所有状态，从而推导出世界上一切心灵的状态。反过来说，如果已获知一切心灵的状态，就可推导出世界上一切物质的状态。因为大脑与心灵之间显然有某种程度的相互关系，但这种关系的圆满程度我们不得而知。不过，这不是我要引出的重点。我想强调的是，即使我们承认了最极端的决定论和心脑相互关系的主张，也得不出有损于自由意志学说中值得保留的东西的结论。我认为，相信会得出这种结论的想法，完全是因为把原因等同于意志，认为原因迫使结果产生，这一点有点像一个当权者可以迫使人去做他原本不想做的事情。而一旦认识了科学因果律的本质，就可以意识到这种类比十分荒谬。不过这就引出关于自由意志的第二个问题，即如果接受决定论，是否可以认为我们的行为从某种角度看是受外力所迫的。

（2）人的行为是否受外力支配？在深入思考的时候，我们主观上会有一种自由的感觉。有时，人们就根据这种自由感来反对意愿是有原因的观点。然而，这种自由感只让我们觉得自己能在许多待选方

第五章　论原因概念及其在自由意志问题中的应用

案中选择最为中意的一个，但并不表明我们乐于选择的方案与过去的事情之间没有任何因果联系。人们之所以会认为这两者并不相容，是因为习惯于将原因等同于意愿，那些想用更科学的态度思考原因的人也会常常不自觉地保留这种习惯。如果原因与意愿相似，那么外因就与他人的意愿相似，那根据外因可预见的行为就是受外力所支配的。但是科学界并不赞成这种观点。我们已经见到，原因并不会强迫结果出现，正如结果也不会强迫原因出现一样。因果之间有一种相互关系，因而它们彼此可以互相推导。就像当地质学家根据地球的现状推导其过去的状态时，我们不能说地球过去的状态是在现在的状态迫使下形成的。只有在原因使结果成为结果这个意义上，我们才可以说地球现在的状态使其过去的状态成了地质学资料。从这个角度看，我们觉得原因和结果之间存在差别纯粹是一种困惑，这种困惑产生的原因是我们对过去发生的事件有记忆，然而对未来发生的事件并没有记忆。

某些自由意志论者将未来无确定性作为其主张的依据。这不过是出于无知而已。显然，任何一种理想的自由意志都不可能仅仅将无知作为依据。若如此，则动物比人更自由，野蛮人比文明人更自由。实际上任何有价值的自由意志必然是与最完备的知识并存的。即使不假定因果律存在，完备的知识也必然包括过去和未来。而我们对过去的知识并非完全根据因果推论，而是部分源于记忆。我们也没有对未来的记忆，纯粹出于偶然。所以如果正如我们可以回顾过去的事件那样，我们也可以直接预见未来的事件，就像预言家所谓的天眼那样，未来的事件一定按照它们必将发展的那样发展。从这个意义上说，它们和过去的事件一样是确定的。但如果我们能像直接回顾过去那样预见未来，那么还存在什么自由意志呢？所以如果有这样一种自由意志，那它一定完全独立于决定论之外。它甚至和包罗万象的因果性也不冲突。这种自由意志必然包含了其中一切有价值的东西，因为我们无法想象纯粹的无知会成为任何

第五章 论原因概念及其在自由意志问题中的应用

美好事物的必要条件。试想有一群洞悉未来之人,那么我们去问一问这些人,是否具有我们所谓的"自由意志"?

我们想象的这群人不需要等待事件发生就知道在未来的某个时刻将采取什么决定。他们此时此刻就知道他们会怀揣什么意愿。但是他们会不会懊悔具有这种知识?不会,除非这些预见到的意愿本身令他们懊悔。但如果预见未来意愿的原因也能被预见到,那么这些预见到的意愿就不太可能会令人懊悔。我们很难否认这些被预见的东西是命中注定的,而且无论多么糟糕都会发生。但人的行为都是欲望的结果,不带任何欲望的任何预见都不是真的。一个预见的意愿必然不会因为被预见而成为糟糕的意愿。我们想象中的那群人,很容易就会知道这些意愿的因果联系,因此他们会比我们更好地预测其意愿以满足自己的欲望。既然意愿是欲望的结果,就不可能存在一种同欲望相反的关于意愿的预见。我们必须牢记,这种假定的预见并不创造未来,正如记忆并不创造过去一样。我不觉得过去的自己必然是不自由的，这只是因为处于现在的我们记得自己过去的意愿。同样，即使现在能看到我们未来的意愿，我们在未来也可能是自由的。简而言之，任何有价值的自由仅仅要求我们的意愿和欲望的结果相符，而不是外力能迫使我们去欲求我们并不想要的东西。此外的一切都是思想上的困惑，之所以有这种困惑，是因为我们觉得尽管知识不具有迫使过去发生的力量，但它会迫使事情在未来发生。因此，只有在这个重要的形式中，自由意识才是真的，想求得其他形式的自由意志不过是缺乏充分分析的结果。

我们在前面几章中谈到了一些有关哲学方法的东西，举的都是具体事例，而不是阐述一般规则。因为例证是唯一有价值的哲学方法。而现在到了课程末尾，我们可以集中讲几条普遍原则，兴许能有助于同学们养成一种哲学思维习惯，提供一个解决哲学问题的向导。

哲学并不会因为利用其他科学（如赫伯特·斯

第五章 论原因概念及其在自由意志问题中的应用

宾塞就用了这种方法）而带有科学性。哲学旨在探求普遍的东西，尽管各门科学能够提出广泛的综合概括，但并不能使其具有确实性。一种仓促的综合概括（如斯宾塞关于进化论的综合概括），并不会因为其概括的东西是最新的科学理论就不草率了。而哲学是其他各门学科之外的一门学问。哲学的结论，不可能由其他各门科学来确定，反过来说，也不能假设其他科学会与哲学结论相抵触。例如，哲学的任务本来就不是预测世界。世界到底是前进还是倒退，是运动还是静止不变，都不是哲学家该去谈论的。

所以要成为一个科学的哲学家，需要经过某些特殊的心理训练。首先，他必须有追求哲学真理的欲望，而且这种欲望必须十分强烈，即使在希望渺茫的岁月中也不会淡去。怀有追求哲学真理欲望之人凤毛麟角，哪怕在哲学家队伍中，有着对哲学真理纯粹追求的人也很少见。有时，尤其是在长期无果的探求之后，追求真理的欲望会被想要认为自己知道真理的欲望所掩盖。某种看似有理的观点就这么出现了，若不去关注针对这种观点的反驳意见，或者只是懒得去找，我们是可以心安理得地相信这种观点的。尽管，如果我们抵御住追求安逸的愿望，最终会发现这种观点是错的。其次，对于职业哲学家来说，对纯粹真理的欲求还常常被对体系的爱好所蒙蔽。哪怕一个小小的事实，如果与哲学家的体系不相容，就势必会遭到重塑、歪曲，直到它看起来与体系相容为止。然而，对于未来而言，这一个小小的事实可能比同其不相容的体系更为重要。就像毕达哥拉斯创造了一个体系，除了正方形的对角线和边不可通约之外，这一体系中的一切同他所知道的事实都完美吻合。即使他的门徒希帕索斯[1]因揭露这一例外而被淹死之后，不可通约这个小小的"事实"依然不可动摇。在我们看来，尽管他的体系现在只能引发人们探究历史的兴趣，但这个事实的发现，仍然是毕达哥拉斯之所以不朽的主要功绩。因此，对体系的爱好以及与之

---

[1] 指希伯斯，毕达哥拉斯的学生，第一个发现无理数的人。

第五章 论原因概念及其在自由意志问题中的应用

相随的体系创造者的虚夸与自负是研究哲学之人必须小心的陷阱。

而要建立某个结论的欲望,或者说从一般意义而言,为不论哪种圆满的结论寻找证据的欲望,无疑一直是真正的哲学研究所面对的主要障碍。因为人们容易被一些不明所以的感情左右,变得那么反常,以至于普遍都认为下定决心追求某个结论就是美德的标志,而经过研究得出相反结论的人则被视为邪恶之人。毫无疑问,相比起获得真理,人们更希望获得一个皆大欢喜的结果。但是只有真理至上的人才可以通过研究哲学寻找到真实的结果。

但即使存在必要程度的求知欲,我们也很难将认识抽象真理的那种心理洞见同生动的想象区别开来,同时不被心理习惯所影响。要冲破心理习惯的束缚,我们必须像笛卡尔一样从方法论角度进行怀疑,此外必须培养逻辑的想象力,以便手头掌握一些可自由支配的假设,不至于变成在常识影响下形成的很容易就能想到的那些假设的奴隶。怀疑熟悉的事物和想象不熟悉的事物相互关联，共同构成了哲学家所必需的精神训练。

我们在开始进行哲学反思时发现的那些朴素信念，最后基本都可以得到真正的解释。但在被纳入哲学之前，这些信念都必须经受怀疑论批判的、严峻的考验。不经历这种考验，它们不过是些盲目的习惯，是做事的方法，而非理智的确信。尽管大多数信念也许都能通过这一检验，但我们深信有些信念是通不过的，若是那样，我们的看法就必须做出重大调整。我们必须怀疑感官、理性、道德，简言之，必须怀疑一切，才能打破习惯的统治。经过普遍怀疑，我们会发现，对某些方面产生怀疑是可能的；而在另一些方面，则会受到对抽象真理直接洞见的复核，而哲学知识产生的可能性就依赖于这种直接洞见。

同时，在直接感知真理的过程中，我们还需辅以丰富的想象力来得出抽象假设。我认为，这是哲学领域至今最欠缺的东西。由于逻辑工具如此缺乏，导致先前的哲学家们所能想到的假设都被发现和事实

第五章　论原因概念及其在自由意志问题中的应用

不符。这种状况常常会让人们采取诸如全盘否定事实之类的冒险做法，若当时哲学家在想象假设的时候掌握比较充分的逻辑工具，则一定能找到解开谜团的钥匙。正因如此，学习逻辑成了哲学研究的中心。逻辑为哲学提供了研究方法，正如数学为物理学提供了研究方法一样。从柏拉图到文艺复兴这个时期，物理学曾经和哲学一样毫无进展、一片混沌，并且带有了迷信成分。通过伽利略对事实的观察和随后对数学的处理，物理学一跃成了一门科学。因而，今天的哲学，正因为同时获得了新事实和逻辑方法而正在跻身科学的行列。

然而，尽管哲学可能取得新进展，但是和物理学一样，头一个结果便是大大缩小了已知事物的范畴。在伽利略之前，人们认为自己对物理学领域最有趣的问题都有着充分的认识。而伽利略确立了一些本身并不有趣的事实（如物体下落的路线），但这些例子作为真知识和新方法却饶有趣味，而伽利略本人也预见到了这些新方法会在未来结出硕果。伽利略所发现的事实并不多，但足以摧毁从亚里士多德一路传承下来的整套庞大的"知识体系"。正如至浅的晨光足以让繁星暗淡，哲学上也是如此。尽管人们相信这样那样的体系，但几乎所有人都认为当今人们所了解的东西已经很多了，但我们必须扫清传统哲学系统中人们自以为掌握的知识，必须弃旧迎新，才有可能取得伽利略落体定律那样的成果，而这又何尝不是一大幸事。

实践方法论上的怀疑（若这种怀疑是真实而持久的）会在知识上带来一种谦恭，我们将乐于了解哲学领域的一切，无论其看起来是多么微不足道。哲学一直以来都苦于缺少这样一种谦恭的态度。哲学所犯的错误，便是想要把有趣的问题一网打尽，而非充满耐心、慢慢地把可以得到的可靠知识积累起来，把大问题留到将来解决。科学家做研究，如果结果是重要的，他们就不会因为自己研究的东西微不足道而感到羞耻。一个实验的直接结果就其本身来说并没有多大趣味，在哲学上也是如此。但在一些单独来

第五章　论原因概念及其在自由意志问题中的应用

看微不足道的事情上花时间往往是值得的，因为只有对这些事情深入思考，才有可能解决更大的问题。

如果我们已经挑出了问题，而且获得了必要的心理训练，所采用的方法是一以贯之的。经过考察，我们会发现那些引起哲学探讨的大问题都是很复杂的，都会依赖很多子问题，而这些子问题又常常比那些大问题更加抽象。我们还会发现，自己掌握的所有原始材料和最初似乎了解到的所有事实都很含糊、很迷惑人、很复杂。而现代流行的哲学观点都带有这些缺点，因此必须创造一种概念工具，并尽可能做到精确、普遍、简洁，再借此把原始材料分析为哲学所想要发现的那类前提。在分析的过程中，我们会对困难追根溯源，一步步让它更加抽象、更加微妙、更加难以把握。我们常常会看到，在任何一个明显的大问题背后都存在许多这类不同寻常的抽象问题。若用尽哲学方法依然无果，我们便到了只有凭借哲学洞见，才能取得进展的地步了。在这里，只有天才方可有所作为。一般来说，需要逻辑想象力的某种新尝试,需要想到先前从未想到的可能性,以及对这种可能性在何种情形之下能实现的直觉。如果没能想到适当可能性,那将会留下无法解决的难题、难以抉择的论点以及困惑与失望。但是一般来说,适当的可能性一旦被想到,很快便能够凭借自己针对表面冲突事实惊人的同化力来证明自己。再往后,哲学的工作便是综合性的,也是相对容易的。而真正的困难出现在分析的最后阶段。

现在,对于哲学进步的前景充满信心为时尚早。许多传统的哲学问题(其中绝大部分问题不仅吸引了哲学专业学生,还引起了更广泛人群的兴趣)似乎并不能采用科学方法解决。正如占星术一旦变成了天文学,便使对其感兴趣之人流失大半一样,哲学在做出越来越少的断定之时,也势必会丧失吸引力。但对于已经庞大并在不断扩大的科学家队伍(也难怪,这些人至今还一直以某种轻蔑的态度对哲学嗤之以鼻)来说,哲学的新方法在解决诸如数、无限性、连续性、时空等古老问题上已经取得了成功,也展现了

第五章 论原因概念及其在自由意志问题中的应用

吸引力,而这种吸引力是之前的老方法所不具备的。物理学及其相对论原理和有关物质本质的革命性研究也感到在基本假设上需要带有科学性的哲学所努力促成的那种创新。我相信,要保证哲学在不久的将来能取得超越哲学家们迄今取得的一切成就,唯一的条件便是创立一个由受过科学训练、对哲学有兴趣的人组成的学派,该学派不为过去的传统所束缚,也不为那些照搬古人一切东西的人所误导。